Mes passions littéraires

William Dean Howells

Writat

Cette édition parue en 2024

ISBN : 9789359946818

Publié par
Writat
email : info@writat.com

Contenu

BIBLIOGRAPHIQUE

Les papiers rassemblés ici sous le nom de « Mes passions littéraires » ont été imprimés en série dans un périodique à tirage si vaste qu'on aurait pu supposer qu'ils y avaient trouvé toute l'acceptation qu'on pouvait raisonnablement espérer pour eux. Néanmoins, ils furent réédités en volume l'année qui suivit leur première parution, en 1895, et ils bénéficièrent d'une part agréable de la faveur dont jouissaient les livres de leur auteur. Mais il est douteux que quelqu'un ait autant aimé les lire que les écrire - par exemple, dans les années 1893 et 1894, dans un appartement de New York, d'où il pouvait regarder depuis ses hautes fenêtres à plus de trois kilomètres et demi. la moitié des bois de Central Park, et saluer son imagination partout où il le voulait dans ce royaume féerique de livres dans lequel il rentrait dans des réminiscences peut-être parfois trop affectueuses, et peut-être toujours trop avides d'être suivies par le lecteur. Le nom a été pensé par le sympathique éditeur de la publication populaire où ils ont été publiés en série comme une partie principale de l'inspiration qu'on pourrait supposer et a été, comme cela arrive rarement entre l'éditeur et l'auteur, cordialement convenu avant qu'ils ne soient commencés.

Le nom dit, en effet, si exactement et si complètement ce qu'ils sont qu'il reste peu de choses à ajouter au bibliographe au-delà des maigres détails historiques donnés ici. Leurs annales courtes et simples pourraient être complétées par des confidences qui n'enrichiraient pas sensiblement les matériaux de l'histoire littéraire de leur temps, et il semble préférable de les laisser à l'imagination de la postérité qu'elles pourront atteindre. Ils sont plutôt d'une franchise impuissante, mais pas, je l'espère, avec toute leur franchise plutôt impuissante, d'une franchise offensante. Ils ne font pas du moins partie de la polémique que leur auteur a soutenue dans les essais qui les ont suivis dans ce volume, et qu'on aurait mieux pu appeler, conformément à « Mes passions littéraires », par le titre de « Mes opinions littéraires » que par celui de « Mes opinions littéraires ». le nom vague qu'ils portent réellement.

Ils s'occupent, bien sûr, de la fonction de critique et de l'art de la fiction, et jusqu'à présent, leur nom actuel n'est pas un abus de langage. Il les suit d'une date antérieure et ne pouvait pas être facilement modifié, et il pourrait servir à rappeler à une génération plus âgée que celle-ci l'époque où leur auteur brisait tant de lances dans la grande guerre oubliée entre le réalisme et le romantisme que le sol de l'"étude de l'éditeur" du Harper's Magazine était parsemée d'éclats assiégés. Le « Bureau de l'éditeur » est aujourd'hui un tout autre endroit, mais celui qui l'avait imaginé à l'origine en 1886 et y demeura jusqu'en 1892, en fit aussitôt le théâtre d'une offense si constante qu'il n'eut pas le temps, s'il en avait le caractère, de la défense . Le grand Zola, ou appelons-le l'immense Zola, fut l'instigateur de l'attaque contre les maîtres de l' école romantique ; mais il a vécu pour reconnaître qu'il avait mené un combat perdu, et il existe des preuves qu'il avait raison. Les réalistes, qui furent sans aucun doute les maîtres de la fiction dans leur génération passée, et qui prédominèrent non seulement en France, mais en Russie, en Scandinavie, en Espagne, au Portugal, furent vaincus dans tous les pays anglo-saxons par les innombrables armées du romantisme. , qui possède encore aujourd'hui la terre ; cependant, chaque fois qu'un jeune romancier écrit une œuvre immédiatement reconnaissable parmi nous pour sa vérité et sa beauté, on le voit et on sent qu'il a travaillé dans l'esprit du réalisme. Cependant, le critique moyen ne s'en rend pas encore compte, et la leçon que "l'étude de l'éditeur" est censée enseigner demeure ici dans toutes ses éléments essentiels pour son perfectionnement.

Mois après mois, pendant les six années pendant lesquelles « l'étude de l'éditeur » resta sous la garde de son premier occupant, sa leçon fut délivrée plus ou moins orageusement, à l'exclusion, pour la plupart, d'autres prophéties, mais elle n'a pas été J'ai trouvé bien de conserver la manière tumultueuse avec la matière fulminante dans ce volume. Lorsque l'auteur est venu réviser le matériel, il a trouvé des péchés contre le goût que son zèle pour la justice ne pouvait suffire à expier. Il n'a pas hésité à en omettre les preuves, et à se faire jusqu'à présent non seulement un précepte, mais un exemple de critique. Il espère que dans d'autres domaines plus mineurs, il a amélioré sa propre instruction, et que dans la forme et dans le fait, le livre est tout à fait moins grossier et moins grossier que les articles dont il a été tiré ici une seconde fois.

Les journaux, tels qu'ils paraissaient de mois en mois, n'étaient pas le produit de ces unités de temps et de lieu qui étaient l'heureux conditionnement de « Mes passions littéraires ». Ils n'auraient pas pu être écrits dans autant d'endroits que d'époques, mais ils jouissaient d'une variété comparable d'origines. Débutées à Boston, elles se sont poursuivies dans une banlieue de Boston, au bord du lac George, dans une station thermale de l'ouest de New York, à Buffalo, à Nahant ; une fois, deux fois et trois fois à New York, avec des retours à Boston et des excursions estivales dans les collines et les eaux de la Nouvelle-Angleterre, jusqu'à ce qu'il semble que leur auteur ait enfin dit son mot, et il tomba volontairement dans le silence sous les applaudissements de amis comme ennemis.

Les journaux l'avaient fait plus du dernier que du premier, mais non comme il lui paraît encore avec plus de raison. Par moments, ses délivrances semblaient inciter des gens d'esprits différents à la fureur sur deux continents, dans la mesure où ils étaient anglophones, et sur les côtes des sept mers ; et certains d'entre eux lui ont répondu avec des personnalités si violentes qu'il est heureux de se rappeler qu'il ne s'est jamais laissé aller à ses attaques contre leurs théories de la critique et de la fiction. Ses opinions étaient toujours impersonnelles ; et maintenant que leur manière plutôt que leur style a été légèrement tempérée, le lecteur tardif sera peut-être surpris d'apprendre que c'était la conviction d'un critique anglais que leur auteur s'était « placé au-delà des limites de la décence » par eux. Il devrait être moins surprenant que, depuis que ces terribles paroles ont été écrites à son sujet, plus d'un Anglais magnanime ait exprimé avec pénitence à l'auteur le sentiment qu'il n'avait pas tellement tort dans ses convictions audacieusement risquées. La pénitence de ses compatriotes attend encore d'être exprimée, mais elle y parviendra peut-être lorsqu'ils seront revenus aux preuves de son offense sous leur forme actuelle.

KITTERY POINT, MAINE, juillet 1909.

I. LA BIBLIOTHÈQUE À LA MAISON

Rendre compte de ses lectures, c'est en quelque sorte rendre compte de sa vie ; et j'espère ne pas offenser ceux qui me suivent dans ces journaux, si je ne peux m'empêcher de parler de moi en parlant des auteurs que je dois appeler mes maîtres : mes maîtres, non parce qu'ils m'ont appris ceci ou cela directement, mais parce que j'avais un tel plaisir en eux que je ne pouvais manquer de m'apprendre d'eux tout ce que j'étais capable d'apprendre. Je ne sais pas si j'ai été ce qu'on appelle un grand lecteur ; Je ne peux même pas prétendre avoir été un lecteur très avisé ; mais j'ai toujours été conscient du noble objectif de lire beaucoup plus, et plus discrètement, que je ne l'ai jamais fait réellement, et c'est probablement à partir de cette bonne intention qu'on me trouvera parfois en train d'écrire ici plutôt que depuis les faits de l'affaire.

Mais je suis à peu près sûr d'avoir bien commencé, et que si j'avais toujours gardé le niveau élevé que j'ai atteint au début, j'aurais le droit d'user d'autorité dans ces réminiscences sans mauvaise conscience. Je n'essaierai cependant pas d'user d'autorité et je n'entends pas parler ici de toutes mes lectures, qu'elles aient été grandes ou petites, mais seulement de ces livres, ou de ces auteurs pour lesquels j'ai ressenti une véritable passion. J'ai connu de telles passions à toutes les époques de ma vie, mais c'est surtout sur les amours de ma jeunesse que j'écrirai, et j'écrirai d'autant plus franchement que ma propre jeunesse me paraît maintenant un peu plus étrangère que celle de n'importe quelle autre. autre personne.

Je pense que je suis issu d'une race de lecteurs, qui a toujours aimé la littérature d'une certaine manière, et ce malgré des fortunes diverses et de nombreux changements. D'après une lettre de mon arrière-grand-mère écrite à une fille têtue au sujet d'un comportement infidèle , comme une fugue pour se marier, je soupçonne qu'elle aimait les fictions hautes en couleur de son époque, car elle raconte à l' enfant volontaire qu'elle a « a planté un poignard dans le cœur de sa mère », et je ne serais pas surpris si c'était de cette dame au beau langage que mon grand-père tenait son goût pour la poésie plutôt que de son père, qui était d'un esprit plus sage du monde. Certes, il est devenu un ami par conviction, comme disent les Quakers, et je ne peux donc pas imaginer qu'il était tout à fait mondain ; mais il avait en vue la principale chance : il a fondé l'industrie de fabrication de flanelles dans la petite ville galloise où il vivait, et il semble être devenu plus riche, pour son époque et pour son lieu, qu'aucun d'entre nous ne s'est depuis enrichi pour les nôtres. Mon grand-père, en effet, se préoccupait avant tout de s'éloigner du monde et de sa méchanceté. Il est arrivé dans ce pays au début du XIXe siècle et a installé sa famille dans une cabane en rondins dans les bois de l'Ohio, afin qu'ils soient à l'abri des influences sinistres du village où il dirigeait des filatures de laine . Mais il gardait son affection pour certains poètes plus graves, pour ne pas dire plus sombres, et il dut laisser ses enfants les lire, en attendant cette grande question du salut de leurs âmes qui le tourmenta toute sa vie.

Mon père, en tout cas, avait un penchant si prononcé pour la littérature qu'il ne se contenta d'aucune de ses nombreuses expériences économiques jusqu'à ce qu'il devienne rédacteur en chef d'un journal, qui était alors le seul moyen de satisfaire une passion littéraire. . Son journal, à l'époque où je commençais à le connaître, était un journal vivant, confortable et décent, mais sans la moindre promesse de richesse, ni l'espoir même d'une condition bien meilleure. Je pense maintenant qu'il était sage de ne pas se soucier de l'avancement auquel la plupart d'entre nous ont à cœur, et que c'était l'une de ses plus belles qualités qu'il se contente de beaucoup de choses dans la vie où il n'était pas exempté de travailler avec son mains, et pourtant où il n'était pas si pressé par le besoin mais où il pouvait se consacrer à volonté non seulement aux choses de l'esprit, mais aussi aux choses de l'esprit. Après une période de scepticisme, il était devenu un homme religieux, comme le reste de sa race, mais à sa manière, qui n'était pas du tout la mode de mon grand-père : un Ami qui s'était marié hors de la Réunion et avait mis fin à une relation perfervide. Méthodiste. Mon père, qui ne parvint jamais à se convertir lors des camps-meetings où mon grand-père conduisait souvent les forces de la prière à son soutien, et qui dut finalement s'abandonner au désespoir, tomba dans les écrits d'Emanuel Swedenborg et Il a embrassé la doctrine de ce philosophe avec un contenu qui l'a suivi tout au long de ses nombreuses années. D'aussi loin que je me souvienne, les œuvres de Swedenborg constituaient une grande partie de sa bibliothèque ; il les lisait beaucoup lui-même, et beaucoup à ma mère, et parfois une « relation mémorable » d'eux avec nous, les enfants. Mais il ne nous a pas forcé à les lire, ni ne nous a exhorté à les lire, et je pense que c'était très bien. Je suppose que sa conscience et sa raison l'en ont empêché. Mais pour les autres livres, son penchant était trop fort pour lui, et lorsque je commençai à montrer du goût pour la littérature, il s'empressa de guider mon choix.

Son propre choix s'est porté sur la poésie, et la majeure partie de notre bibliothèque, qui n'était pas consacrée à la théologie, était consacrée à la poésie. Je l'appelle maintenant la bibliothèque, mais à l'époque nous l'appelions la bibliothèque, et c'était littéralement ce que c'était, parce que je crois que quel que soit le nom que nous avions donné à notre modeste collection de livres, c'était une collection privée plus grande que n'importe quelle autre dans la ville où nous avons vécu. Pourtant, tout était tenu et fermé par des portes vitrées, dans une vitrine comportant très peu d'étagères. Elle ne s'est pas considérablement élargie durant mon enfance, car peu de livres arrivaient à mon père comme éditeur, et il se permettait de les acheter encore plus rarement. La librairie de mon grand-père (c'était aussi la pharmacie du village) possédait alors le seul stock de littérature en vente dans la ville ; et un jour, lorsque l'agent de Harper & Brothers est venu le réapprovisionner, il a donné à mon père plusieurs volumes pour qu'il les révise. L'un d'eux était un exemplaire des Saisons de Thomson, une édition finement illustrée, dont je connaissais les images bien avant de connaître la poésie, et je les considérais comme les plus belles choses qui aient jamais existé. Mon père lisait à haute voix des passages du livre et il voulait que je les lise entièrement moi-même. D'ailleurs, il voulait que je lise Cowper, de qui personne ne pouvait obtenir autre chose que du bien, et il voulait que je lise Byron, de qui je n'aurais alors pu obtenir aucun mal ; nous souffrons du mal du mal que nous comprenons. Il aimait aussi Burns, et il avait l'habitude de lui lire à haute voix, je dois l'avouer, à ma grande lassitude. Je ne pouvais pas me passer de ce dialecte, et je ne pouvais alors ressentir le charme de l'esprit du poète, ni la tendre beauté de son pathétique. Moore, je pourrais mieux me débrouiller ; et quand mon père a lu " Lalla Rookh " à ma mère, je me suis assis pour écouter et suis entré dans tous les malheurs de l'Iran dans l'histoire des " Adorateurs du Feu ". J'ai tiré la ligne vers le " Prophète voilé du Khorassan ", même si j'avais un certain sens de l'humour. de la conception que le poète se faisait du critique dans « Fadladeen ». Mais j'aimais bien mieux les poèmes de Scott, et je suis allé d' Ispahan à Edimbourg avec un joyeux empressement d'imagination, j'ai suivi la « Dame du Lac » tout au long, et quand j'ai commencé à le faire. inventer mes propres vers. J'ai trouvé que ce poème était un modèle adapté en termes d'ambiance et de rythme .

Parmi les autres volumes de vers sur l'étagère supérieure de la bibliothèque, dont j'avais l'habitude de regarder l'extérieur sans pénétrer profondément à l'intérieur, se trouvaient la traduction de Pope de l'Iliade et de l'Odyssée, et le Virgile de Dryden, de jolis petits tomes en veau d'arbre, publiés par James Crissy à Philadelphie, et illustré de petites plaques de cuivre, qui semblaient en quelque sorte me mettre désespérément au-dessus de la question. C'était comme s'ils me disaient en tant de mots que la littérature qui fournissait les sujets de tels tableaux, je ne pouvais pas espérer comprendre et je n'avais pas besoin d'essayer. En tout cas, je les laissai tranquilles pour le moment, et je ne me mêlai pas d'un volume de Shakespeare, en toile verte et en caractères cruellement fins, qui m'impressionnait également avec ses gravures sur bois. Je ne peux pas dire exactement pourquoi j'ai conçu qu'il y avait quelque chose d'impie dans le sujet du livre ; peut-être était-ce une teinte de la réputation du jeune homme plutôt débauché dont mon père le tenait. S'il n'a pas été débauché, je lui demande pardon. Je n'ai pas la moindre idée de qui il était, mais c'était l'idée que j'avais de lui, qui qu'il soit, ou où qu'il soit maintenant. Il n'y a peut-être jamais eu d'homme aussi jeune ; l'impression que j'ai eue a peut-être été une pure invention de ma part, comme beaucoup de choses avec les enfants, qui ne connaissent pas très distinctement leurs rêves de leurs expériences, et vivent dans un monde où tous deux projettent la même qualité d'ombre.

Il y avait bien sûr d'autres livres dans la bibliothèque, dont ma conscience ne tenait pas compte, et je ne parle que de ceux dont je me souviens. Fiction, il n'y en avait aucune dont je me souvienne, à l'exception des « Contes du grotesque et de l'arabesque » de Poe (je me suis longtemps affligé de la signification de ces mots, alors que j'aurais facilement pu le demander et le découvrir) et les Derniers jours de Pompéi de Bulwer. , le tout dans le même type de reliure. L'histoire est connue, pour mon jeune souvenir de cette bibliothèque, par une Histoire des États-Unis, dont j'ai à peine parcouru la poussière et les cendres ; et par une « Chronique de la conquête de Grenade », par le toujours cher et précieux Fray Antonio Agapida , que j'ai longtemps fait passer pour un seul et même Washington Irving.

À l'école, il y avait aussi peu de littérature à l'époque qu'aujourd'hui, et je ne peux rien dire de pire de notre lecture scolaire ; mais je n'étais pas vraiment beaucoup à l'école, et cela m'a donc fait peu de mal. L'imprimerie a été très tôt mon école. Mon père y croyait profondément et il avait ses convictions en matière de travail, qu'il a illustrées dès que nous étions en âge d'apprendre le métier qu'il exerçait. Nous pouvions aller à l'école et étudier, ou nous pouvions aller à l'imprimerie et travailler, avec une chance égale d'apprendre, mais nous ne pouvions pas rester inactifs ; nous devons faire quelque chose, pour le bien de notre âme, même s'il était assez disposé à ce que nous jouions, et il aimait lui-même aller dans les bois avec nous et jouir des plaisirs que la virilité peut partager avec l'enfance. Je suppose qu'à l'heure actuelle, nous étions pauvres. Son revenu ne dépassait jamais mille deux cents par an et sa famille était nombreuse ; mais personne n'était riche à ce moment-là ; nous vivions dans la simple abondance de cette époque et de ce lieu, et nous ne savions pas que nous étions pauvres. Jusqu'à présent, les conditions modernes inégales étaient inimaginables (qui aurait pu en rêver il y a quarante ou cinquante ans ?) dans la petite ville du sud de l'Ohio où s'est déroulée presque toute ma plus heureuse enfance.

II. ORFÈVRE

Quand j'ai commencé à avoir mes propres goûts littéraires et à aimer certains livres plus que d'autres, les premiers auteurs de mon cœur furent Goldsmith, Cervantes et Irving. Dans la perspective très raccourcie du passé, il me semble les avoir tous lus en même temps, mais je suis conscient d'un ordre de temps dans le plaisir qu'ils m'ont procuré, et je sais que Goldsmith est venu en premier. Il est venu si tôt que je ne peux pas dire quand ni comment j'ai commencé à le lire, mais cela devait être avant l'âge de dix ans. J'ai lu d'autres livres sur cette époque, notamment un petit livre sur la mythologie grecque et romaine, que j'ai parcouru avec une telle passion pour ces dieux et déesses païens que, s'il avait jamais été question de sacrifier à Diane, je ne sais pas trop. si j'aurais pu refuser. J'adorais indistinctement toutes les tribus de nymphes et de naïades, de demi-dieux et de héros, ainsi que les hauts de l'Olympe ; et je crains que le jour je n'habite dans un monde peuplé et gouverné par eux, même si je disais fidèlement mes prières la nuit et m'endormais dans le chagrin de mes péchés. Je ne sais pas du tout comment la Grèce de Goldsmith est arrivée entre mes mains, même si j'imagine qu'elle a dû me l'acquérir à cause d'un goût que j'ai montré pour ce genre de lecture, et je ne peux imaginer de plus grande chance pour un petit garçon dans une petite ville du sud-ouest de l'Ohio il y a près de cinquante ans. J'ai encore les livres ; deux petits volumes robustes en petits caractères, avec des marques d'usure dessus, mais sans ces taches déshonorantes, ni ces autres blessures que les garçons infligent aux livres par ressentiment de leur stupidité , ou par simple insouciance. J'ai toujours été sensible aux mauvais traitements infligés aux livres ; Je ne pouvais pas supporter de voir un livre face cachée, écorné ou cassé. C'était comme une blessure ou une insulte envers quelque chose que l'on pouvait ressentir.

L'Histoire de Rome de Goldsmith m'est venue bien plus tard, mais tout aussi immémoriellement , et après que j'ai acquis une préférence pour les républiques grecques, ce qui, j'ose dire, n'était pas une erreur. Bien sûr, je préférais Athènes, et pourtant il y avait quelque chose dans la belle conduite des Spartiates au combat qui gagnait un cœur formé pour le culte des héros. J'ai maîtrisé la notion de leur communisme et j'ai approuvé leur monnaie de fer, avec la pauvreté à laquelle elle les obligeait, mais d'une manière ou d'une autre, leur traitement cruel envers les Hilotes n'a pas réussi à me choquer ; peut-être l'ai-je pardonné à leur patriotisme, comme j'ai dû pardonner au leur de nombreux faits horribles de l'histoire des Romains. Il n'y avait pratiquement aucune sorte d'effusion de sang que je ne pardonnerais alors aux assassins de tyrans ; et l'allure fanfaronne de celui qui envoyait un despote avec un beau discours me plaisait tellement que je ne pouvais que regretter d'être né trop tard pour faire et dire ces choses.

Je ne crois pas avoir encore ressenti la beauté de la littérature qui les faisait toutes vivre dans mon imagination, que je concevais Goldsmith comme un artiste utilisant pour mon ravissement le plus beau des arts ; et pourtant on m'avait appris à voir la beauté de la poésie, et j'essayais déjà de la faire pour mon pauvre compte. J'ai essayé de faire des vers comme ceux que j'écoutais lorsque mon père lisait Moore et Scott à ma mère, mais je les écoutais avec le même bonheur que je lisais mes histoires bien-aimées, même si je n'avais jamais pensé alors à essayer d'écrire comme Goldsmith. J'ai accepté son beau travail avec autant d'ignorance que mes autres bénédictions. J'avais envie d'atteindre les Grecs et les Romains, et je ne savais pas par quel air agile et par quels chemins charmants j'étais conduit jusqu'à eux. Une certaine perception rétrospective de cela m'est venue longtemps après, lorsque j'ai lu ses essais, et après avoir connu toute sa poésie, et plus tard encore, lorsque j'ai lu le « Vicaire de Wakefield » ; mais pour le moment, mes yeux étaient retenus , comme le sont généralement les yeux d'un garçon dans le monde de l'art. Ce que je voulais avec mes Grecs et mes Romains, après les avoir abordés, c'était être comme eux, ou du moins les mettre à profit en vers, et en vers dramatiques en plus. Les Romains étaient moins civilisés que les Grecs et ressemblaient donc davantage à des garçons, et étaient plus à même d'être des garçons. Je n'ai pas fait de littérature sur les Grecs, mais j'ai tiré toute une tragédie des Romains ; c'était une tragédie rimée et en vers octosyllabiques, comme la « Dame du Lac ». Je voulais que cela soit joué par mes camarades de classe, mais je ne suis pas sûr de le leur avoir jamais fait savoir. Pourtant, ils n'ignoraient pas mes lectures, et je me souviens combien j'étais fier lorsqu'un certain garçon, qui m'avait toujours fouetté lorsque nous nous battions ensemble, et qui me surpassait ainsi dans ce monde de petits garçons, m'envoya un jour me demander mon nom. de l'empereur romain qui se lamentait à la tombée de la nuit, alors qu'il n'avait rien fait de digne, d'avoir perdu une journée. Le garçon allait utiliser l'histoire, dans une composition, comme nous appelions alors les thèmes de l'école, et je lui ai dit le nom de l'empereur ; Je ne pouvais pas lui dire maintenant sans me tourner vers le livre.

Mes lectures ne me donnaient aucun rang parmi les garçons, et je ne m'attendais pas à ce qu'elles me classent parmi des garçons plus vaillants au combat ou dans le jeu ; et j'ai découvert depuis que la littérature ne donne pas une place plus sûre dans le monde des activités humaines, qu'elles soient oisives ou utiles. Nous, les littéraires, essayons de croire que c'est le cas, mais tout cela n'a aucun sens. A chaque époque de la vie, parmi les garçons ou les hommes, nous sommes acceptés lorsqu'ils ont du temps libre et veulent s'amuser, et au mieux nous sommes tolérés plutôt qu'acceptés. J'ai dû raconter aux garçons des histoires tirées de la Grèce et de Rome de mon orfèvre, sinon on n'aurait pas su que je les avais lues, mais je ne me souviens pas de l'avoir fait maintenant, tandis que je me souviens distinctement d'avoir répété les allégories et les fables des ' Gesta Romanorum ', un livre qui semble avoir été entre mes mains à peu près à la même époque ou un peu plus tard. J'ai pris plaisir à ce stupide recueil de légendes monacales dont je ne peux pas expliquer maintenant et qui persistaient malgré la confusion cauchemardesque qu'il produisait chez mes anciens Grecs et Romains. Ce n'étaient pas du tout les anciens Grecs et Romains des histoires de Goldsmith.

Je ne peux pas dire à quelles heures j'ai lu ces livres, mais cela devait être des moments étranges, car la vie était alors très pleine de jeux et commençait déjà à être troublée par le travail. Comme je l'ai dit, j'allais tellement entre l'école et l'imprimerie que lorsque je me suis lassé de l'une, j'ai dû très rapidement choisir l'autre. Cependant, la lecture s'est poursuivie assez constamment, et sans aucun doute mon amour pour ce livre m'a valu une chance. Il y avait dans notre cour quelques cerisiers célèbres qui, quand j'y repense, semblent avoir été en fleurs ou en fruits toute l'année ; et dans l'un d'eux il y avait une branche plane où un garçon pouvait s'asseoir avec un livre jusqu'à ce que ses jambes pendantes s'endorment, ou jusqu'à ce qu'un garçon oisif ou plus occupé vienne à la porte et l'appelle pour jouer aux billes ou aller nager. Lorsque cela arriva, le monde antique fut enroulé comme un rouleau et rangé jusqu'au lendemain, avec tous ses orateurs et conspirateurs, ses nymphes et satyres, ses dieux et ses demi-dieux ; bien que parfois ils s'échappaient la nuit et entraient dans les rêves du garçon.

Je ne pense pas que je me souciais autant que certains des autres garçons des « Mille et une nuits » ou de « Robinson Crusoé », mais lorsqu'il s'agissait du « Gentilhomme ingénieux de La Manche », j'étais non seulement le premier, j'étais le seul.

Mais avant de parler de l'humoriste bienfaisant qui eut ensuite mon cœur d'enfant après Goldsmith, permettez-moi de m'acquitter pleinement de ma dette envers cet esprit qui n'est ni inégal ni hostile . J'ai dit que c'est longtemps après avoir lu ces histoires, pleines de son charme inaliénable, si simples qu'elles soient, et bien en deçà de ses efforts plus volontaires, que j'ai appris à connaître sa poésie. Mon père a dû nous lire le "Village désert" et nous avoir raconté un peu de la vie pathétique de l'auteur, car je ne me souviens pas quand j'ai entendu parler pour la première fois de "la douce Auburn", ni quand j'ai eu la lumière du jour troublé du poète sur le " le plus beau village de la plaine." Le « Vicaire de Wakefield » a dû entrer dans ma vie après ce poème et avant « Le Voyageur ». C'était à l'époque où j'aurais dit que je connaissais tout Goldsmith ; nous nous accordons souvent ainsi du crédit pour nos connaissances sans avoir aucun actif tangible ; et mes lectures ont toujours été très décousues. Je voudrais dire ici que la lecture de quiconque lit à dessein est toujours très décousue, même si peut-être je ferais mieux de ne pas le dire, mais simplement d'exposer le fait dans mon cas, et d'avouer que je n'ai jamais vraiment lu un seul auteur. à travers sans errer de lui vers les autres. Lorsque j'ai lu pour la première fois le « Vicaire de Wakefield » (car je l'ai lu plusieurs fois depuis, et j'espère encore le lire plusieurs fois), j'ai trouvé ses personnages et ses incidents familiers, et je suppose donc que j'ai dû l'entendre lire. C'est encore pour moi l'un des romans les plus modernes : c'est-à-dire l'un des meilleurs. Il est incontestablement bon jusqu'à un certain point, puis incontestablement mauvais, mais il contient toujours suffisamment de bon pour être à jamais impérissable. La gentillesse et la douceur ne sont jamais démodées ; ce sont ceux de Goldsmith qui font de lui notre contemporain, et cela vaut la peine pour tout jeune qui a actuellement l'intention d'une renommée immortelle d'y penser un peu. Ils sont la source de tout raffinement, et je ne crois pas que le meilleur art, quel qu'il soit, existe sans eux. Le style, c'est l'homme, et il ne peut se cacher sous aucun couvert de mots afin que nous ne sachions pas d'une manière ou d'une autre quelle sorte d'homme il est en lui ; son discours le trahit , non seulement quant à son pays et à sa race, mais plus subtilement encore quant à son cœur, ainsi qu'aux amours et aux haines de son cœur. Quant à Goldsmith, je ne pense pas qu'un homme de nature dure et arrogante, à l'âme mondaine et égoïste, ait jamais pu écrire son style, et je ne pense pas que, bien plus que la critique ne l'a reconnu, sa qualité spirituelle, sa convivialité essentielle s'exprime dans la beauté littéraire qui gagne le cœur et séduit dans son œuvre.

J'aurais mes réserves et mes animadversions s'il s'agissait d'une critique approfondie de son œuvre, mais je suis heureux qu'il ait été le premier auteur que j'ai aimé, et qu'avant même de savoir que je l'aimais, j'étais son lecteur dévoué. Je n'étais pas consciemment son admirateur jusqu'à ce que je commence à lire, à l'âge de quatorze ans, un petit volume de ses essais, composé, j'ose dire, du « Citoyen du monde » et d'autres de ses entreprises infructueuses. Il contenait les papiers sur Beau Tibbs, entre autres, et j'essayais d'écrire des croquis et des études de vie à leur manière. Mais cette tentative à la manière de Goldsmith a suivi longtemps après que j'ai essayé d'écrire dans le style d'Edgar A. Poe, tel que je le connaissais grâce à ses « Contes de l'Arabesque grotesque erronée ». Je suppose que le plus pauvre d'entre eux était le « Diable dans le beffroi », mais tel qu'il était, je l'ai suivi d'aussi près que possible dans le « Diable dans les pipes à fumée » ; Je parlais des pipes à tabac. La ressemblance a été remarquée par ceux à qui j'ai lu mon histoire ; Moi seul ne pouvais pas le voir ou ne voulais pas le posséder, et j'éprouvais vraiment du mal à être reconnu comme ayant produit une imitation.

C'était la première fois que j'imitais un prosateur, même si j'avais imité plusieurs poètes comme Moore, Campbell et Goldsmith lui-même. Je n'ai jamais beaucoup aimé un auteur sans vouloir écrire comme lui. Je n'ai aucune hésitation à l'avouer maintenant, et je ne vois pas pourquoi je ne dirais pas qu'il m'a fallu longtemps avant de trouver qu'il était préférable d'être aussi semblable à moi-même que possible, même lorsque je n'avais pas une aussi bonne opinion de moi-même que moi-même. de quelques autres. J'espère que je serai toujours capable et désireux d'apprendre quelque chose des maîtres de la littérature tout en restant moi-même, mais pour le jeune écrivain, cela semble impossible. Il faut qu'il se forme de temps en temps sur les différents auteurs dont il est amoureux, mais quand il l'a fait, il faut qu'il désire qu'on ne le sache pas, car cela aussi est naturel. L'amant veut toujours ignorer l'objet de sa passion, et l'adoration qu'un jeune écrivain a pour un grand est vraiment une passion qui dépasse l'amour des femmes. Je pense qu'il n'est pas moins heureux que Cervantes ait été l'une de mes premières passions, même si je m'asseyais à ses pieds sans plus de sentiment de sa maîtrise que de celle de Goldsmith.

III. CERVANTES

Je me souviens très bien du moment et du lieu où j'ai entendu parler pour la première fois de « Don Quichotte », alors que je ne pouvais pas encore le relier très distinctement à la paternité de qui que ce soit. J'étais encore trop jeune pour concevoir la paternité, même dans mon propre cas, et j'écrivais mes misérables vers sans aucune notion de littérature, ni autre chose que le plaisir de les voir effectivement sortir justement rimés et mesurés. C'était à la fin d'une journée d'été, juste avant le dîner, que nous avions illégalement tard dans notre maison, et l'endroit était la cuisine où ma mère vaquait à son travail et écoutait comme elle pouvait ce que disait mon père. racontant à mon frère, à moi et à un de nos apprentis, qui était comme un frère pour nous deux, un livre qu'il avait lu une fois. Nous, les garçons, écossions tous des petits pois, mais l'histoire, à mesure qu'elle avançait, nous arrachait aux pauvres emplois, et quoi que faisaient nos doigts, nos esprits étaient partis dans cet étrange pays d'aventures et de mésaventures, où la vie fiévreuse du chevalier vraiment sans crainte et sans reproche, il s'est consumé. J'ose dire que mon père a essayé de nous faire comprendre le but satirique du livre. Je me souviens vaguement de ses paroles sur les livres de chevalerie qu'ils étaient censés ridiculiser ; mais un garçon ne s'en souciait pas, et ce que j'avais envie de faire immédiatement, c'était de prendre ce livre et de me plonger dans son histoire. Il nous raconta au hasard l'attaque des moulins à vent et des troupeaux de moutons, la nuit dans la vallée des moulins à foulons avec leurs marteaux, de l'auberge et des muletiers, du lancer de Sancho dans la couverture, de l'île qui lui fut confiée pour gouverner, et de toutes les joyeuses farces du duc et de la duchesse, de la libération des galériens, de la capture du casque de Mambrino , et de l'invention par Sancho de la Dulcinée enchantée , et de tout le reste. il y avait du merveilleux et du délicieux dans le livre le plus merveilleux et le plus délicieux du monde. Je ne sais pas quand ni où mon père me l'a obtenu, et je suis conscient du temps appréciable qui s'est écoulé entre le moment où j'en ai entendu parler et le moment où je l'ai reçu. L'événement a dû être le plus important pour moi, et il est étrange que je ne puisse pas fixer le moment où la précieuse histoire m'est tombée entre les mains ; mais d'ailleurs, il n'y a rien de plus capricieux que la mémoire d'un enfant, ce qu'il conservera et ce qu'il perdra.

Il est certain que mon Don Quichotte était en deux petits et gros volumes, à peine plus gros chacun que la Grèce de mon Orfèvre, reliés dans une sorte de veau-loi, bien fait pour résister à l'usure qu'ils étaient destinés à subir. La traduction était, bien sûr, la version démodée de Jervas , qui, qu'elle soit ou non une version très fidèle, était un anglais honnête du XVIIIe siècle et rendait assez fidèlement l'esprit de l'original. Si cela a eu une quelconque influence littéraire sur moi, celle-ci a dû être bonne. Mais je n'arrive pas à prouver que j'étais sensible à la littérature ; c'était l'histoire toujours enchanteresse que j'ai appréciée. J'exultais de la liberté illimitée du design ; le plein air de cette scène immense, où l'aventure se succédait avec la séquence naturelle de la vie, et où les jours et les nuits n'étaient pas assez longs pour les événements qui les remplissaient, au milieu des champs et des bois, des ruisseaux et des collines, des routes et des chemins. chemins, hôtelleries et masures, prisons et palais, qui furent le cadre de cette histoire sans pareille. Je l'ai pris aussi simplement que j'ai pris tout le reste du monde à mon sujet. C'était plein de sens que je ne parvenais pas à saisir, et il y avait des significations du genre dont la littérature abonde malheureusement, mais elles ont été perdues pour mon innocence. Je ne savais pas si c'était bien écrit ou non ; Je n'y ai jamais pensé ; il était simplement là dans sa vaste totalité, son opulence inépuisable, et j'en étais riche au-delà des rêves d'avarice.

Mon père a dû nous parler cette nuit-là de Cervantès ainsi que de son « Don Quichotte », car il me semble que je savais depuis le début qu'il était autrefois esclave à Alger et qu'il avait perdu une main au combat, et je je l'aimais avec une sorte d'affection personnelle, comme s'il était encore en vie et qu'il pouvait d'une manière ou d'une autre me rendre mon amour. Son nom et sa nature m'ont fait aimer le nom et la nature espagnols, de sorte qu'ils ont toujours été mon roman, et à ce jour, je ne peux pas rencontrer un Espagnol sans le revêtir de quelque chose de l'honneur et du culte que j'ai prodigués à Cervantes quand j'étais enfant. . Alors que j'étais en pleine ardeur, un jour vint visiter notre école un monsieur mexicain qui étudiait le système éducatif américain ; un homme doux, gros et couleur couleur safran, auquel j'aurais presque pu mourir pour plaire à cause de Cervantès et de Don Quichotte, parce que je savais qu'il parlait leur langue. Mais il nous sourit à tous, et je n'eus aucune chance de me distinguer des autres par un quelconque acte de dévotion avant que la vision bénie ne s'efface, même si longtemps après, dans des rêveries passionnées, je l'abordai et le réclamai comme parent à cause de ma fidélité. et parce que j'aurais été espagnol si je le pouvais.

Je n'aurais pas voulu que le monde des garçons qui m'entoure ne sache rien de ces tendres rêves ; mais c'étaient mes goûts seuls, mes passions qui y étaient étrangères ; pour tout le reste, j'étais autant un citoyen que n'importe quel garçon qui n'avait jamais entendu parler de Don Quichotte. Mais je crois que j'ai emporté le livre avec moi la plupart du temps, pour ne perdre aucune occasion de le lire. Même au cours de certaines années, lorsque j'ai ajouté peu d'autres lectures à mon magasin, je devais encore le lire. C'était après que nous ayons quitté la ville où s'étaient écoulées les premières années de mon enfance, et j'avais à peine m'adapter à cet environnement étrange qu'un de mes oncles m'a demandé de venir avec lui et d'apprendre le commerce de la drogue, sur place, à quarante milles de là, où il exerçait la médecine. Nous avons fait le long voyage, plus long que tout ce que j'ai fait depuis, dans la diligence de cette époque, et nous sommes arrivés chez lui au crépuscule, il était heureux de rentrer chez lui, et je mourais de désir pour la maison que j'avais. gauche. Je ne sais pas comment il se fait que dans cet état, alors que le monde autour de moi n'était qu'une noirceur désespérée, j'aurais pu sortir mon « Don Quichotte » de mon sac ; Il semble que je l'avais avec moi comme élément essentiel de mon équipement pour ma nouvelle carrière. Peut-être m'avait-on demandé de le montrer, dans le but de me tirer de ma misère ; peut-être essayais-je moi-même d'y noyer mes chagrins. Quoi qu'il en soit, j'ai maintenant devant moi la vision de ma douce jeune tante et de sa jeune sœur regardant par-dessus son épaule, alors qu'elles se tenaient ensemble sur la pelouse dans la lumière du soir d'été. Ma tante tenait mon Don Quichotte ouvert d'une main, tandis que de l'autre elle serrait l'enfant qu'elle portait sur son bras. Elle regardait le livre, puis de temps en temps elle me regardait, très gentiment mais très curieusement, avec un léger sourire, de sorte que, tandis que je me tenais là, me tordant intérieurement de pudeur, j'avais le sentiment que dans ses yeux je étais un garçon bizarre. Elle me rendit le livre sans commentaire, après quelques questions, et je l'emportai dans ma chambre, où l'ami de confiance de Cervantès s'endormit en pleurant.

Le matin, je me suis levé et je leur ai dit que je ne pouvais pas le supporter et que je rentrais chez moi. Rien de ce qu'ils pouvaient dire n'a servi, et mon oncle est descendu avec moi au bureau de la scène et a repris mon passage pour rentrer.

L'horreur du choléra régnait alors dans le pays ; et nous avons appris dans la régie qu'un homme gisait mort dans l'hôtel au-dessus de nous. Mais mon oncle me conduisit à sa pharmacie, où la scène devait m'appeler, et me fit goûter un peu de camphre ; Grâce à ce traitement prophylactique, Cervantes et moi sommes rentrés vivants ensemble.

La lecture de « Don Quichotte » s'est poursuivie tout au long de mon enfance, de sorte que je ne me souviens d'aucune période distincte pendant laquelle je ne lisais pas, plus ou moins, ce livre. A la manière d'un garçon, je le connaissais bien quand j'avais dix ans, et il y a quelques années, quand j'en avais cinquante, je l'ai repris dans l'admirable nouvelle version d' Ormsby , et je l'ai trouvé si plein de moi-même et de mon propre passé irrévocable que Je n'ai pas trouvé ça très gay. Mais j'y ai fait beaucoup de découvertes ; des choses dont je n'avais pas rêvé étaient là et devaient toujours être là, et d'autres choses avaient un nouveau visage et produisaient sur moi un nouvel effet. J'avais mes doutes, mes réserves, là où autrefois j'y avais donné tout mon cœur sans poser de questions, et pourtant dans ce qui faisait la grandeur du livre, il me semblait plus grand que jamais. Je crois que sa conception libre et simple, où les événements se succèdent sans le contrôle encombrant de l'intrigue, mais où tout naît naturellement des personnages et des conditions, est la forme suprême de la fiction ; et je ne peux m'empêcher de penser que si jamais nous avons un grand roman américain, il devra être construit sur des lignes aussi larges et nobles. Quant au personnage central, Don Quichotte lui-même, dans sa dignité et sa générosité, ses idéaux altruistes et son dévouement intrépide à leur égard, il est toujours héroïque et beau ; et j'étais heureux de constater, dans mon dernier regard sur son histoire, que j'avais vraiment conçu de lui au début et que j'avais senti la sublimité de sa nature. Je ne voulais pas tellement rire de lui, et je ne pouvais plus du tout rire de certaines des choses qui lui étaient faites. Autrefois, ils semblaient drôles, mais maintenant seulement cruels, et même stupides, de sorte qu'il était étrange de réaliser que ses qualités et ses indignités découlaient toutes deux du même esprit. Mais dans mon expérience de maturité, qui a jeté une lumière plus large sur la fable, j'étais heureux de garder mon ancien amour pour un auteur qui m'avait été presque personnellement cher.

IV

IRVING

J'ai raconté comment Cervantes m'a rendu sa race précieuse, et je suis sûr que c'est lui qui m'a permis de comprendre et d'apprécier l'auteur américain qui maintenant m'a maintenu sur le sol espagnol et m'a gardé heureux dans les airs espagnols, même si je ne peux pas retracer le lien dans le temps et les circonstances entre Irving et Cervantes. Tout ce dont je peux être sûr, c'est que j'ai lu La Conquête de Grenade après avoir lu Don Quichotte, et que j'ai tellement aimé l'historien parce que j'avais beaucoup plus aimé le romancier. Bien sûr, je ne m'aperçus pas alors que le charme d'Irving venait en grande partie de Cervantes et des autres humoristes espagnols encore inconnus de moi, et qu'il s'était formé sur eux presque autant que sur Goldsmith, mais j'ose dire que ce fait avait insensiblement une grande influence. affaire à faire à mon goût. Ensuite, je suis venu le voir, et en même temps voir ce qui appartenait à Irving en Irving ; ressentir son humour natif, quoique quelque peu atténué, et sa grâce originale, quoique un peu trop étudiée. Mais jusqu'à présent, je n'avais aucune question critique à poser. J'ai donné mon cœur simplement et passionnément à l'auteur qui a fait vivre dans ma sympathie les scènes de cette histoire la plus pathétique, et j'ai accompagné mes acteurs majestueux et gracieux.

Je ne peux vraiment pas dire maintenant si j'aimais davantage les Maures ou les Espagnols. J'ai combattu des deux côtés ; Je n'aurais pas voulu faire battre les Espagnols, et pourtant, lorsque les Maures ont perdu, j'ai été vaincu avec eux ; et quand le pauvre jeune roi Boabdil (j'étais son partisan dévoué et en même temps un disciple de son vieil oncle fougueux et rival, Hamet el Zegri) poussa le dernier soupir du Maure, alors que ses yeux quittaient pour toujours les toits de Grenade, c'était autant mon chagrin que s'il avait jailli de mon propre sein. J'ai mis ces deux princes dans le premier et le dernier roman historique que j'ai jamais écrit. Je n'ai aucune idée de ce qu'ils ont fait là-dedans, mais comme l'histoire n'a jamais abouti, cela n'a pas beaucoup d'importance. Je n'avais encore jamais lu de roman historique dont je puisse être sûr, et ma tentative a probablement dû être basée presque uniquement sur les faits de l'histoire d'Irving. Je suis sûr que je n'aurais pas pu songer à y ajouter quoi que ce soit, ni même à les varier.

En lisant sa Chronique, j'ai souffert pendant un certain temps de son attribution à Fray Antonio Agapida , le pieux moine dont il feint de l'avoir écrit, tout comme en lisant Don Quichotte, j'ai souffert du fait que Cervantes se faisait passer pour le scribe maure Cid Hamet . Ben Engeli . Mon père m'a expliqué le caprice littéraire, mais cela restait pour moi une confusion et un ennui, et j'avais pris l'habitude de sauter les passages où l'un ou l'autre des auteurs insistait sur son invention. J'avoue que je suis plutôt heureux que ce genre de choses semble être passé de mode maintenant, et je pense que les méthodes plus directes et plus franches de la fiction moderne interdiront sa renaissance. Thackeray aimait ces déguisements ouverts et aimait saluer son lecteur sous le masque de Yellowplush et de Michael Angelo Titmarsh , mais il me semble que c'était dans ses moments les moins modernes.

Ma « Conquête de Grenade » était en deux volumes in-8, reliés avec des cartons ternes et imprimés sur du papier très jauni par le temps sur ses bords irréguliers. Je ne sais pas quand les livres sont arrivés entre mes mains. Je n'ai aucun souvenir qu'ils m'aient été offerts ou recommandés de quelque manière que ce soit, et d'une certaine manière ils étaient aussi authentiquement miens que si je les avais faits. Je les ai vus chez moi, il y a peu de mois, dans la bibliothèque de mon père (elle est depuis longtemps devenue trop grande pour la vieille bibliothèque, qui est partie je ne sais où), et dans l'ensemble j'ai plutôt hésité à les démonter, encore plus à les ouvrir. , même si je ne pouvais pas dire pourquoi, à moins que ce ne soit par peur de retrouver peut-être le fantôme de mon être d'enfant à l'intérieur, pressé à plat comme une feuille fanée, quelque part entre les pages familières.

Quand j'ai appris l'espagnol, c'était dans le but, jamais encore réalisé, d'écrire la vie de Cervantes, même si j'ai eu depuis une quarantaine d'années pour le faire. J'ai appris la langue moi-même, ou j'ai commencé à le faire, lorsque j'ai ne connaissait rien de la grammaire anglaise sauf la prosodie à la fin du livre. Mon père avait le mépris de la familiarité avec cela, ayant lui-même écrit un très bref aperçu de notre accident, et il semble m'avoir laissé plonger dans la mer des verbes et adverbes espagnols, des noms et des pronoms, et tout le reste, alors qu'encore Je ne pouvais pas les appeler par leur nom en toute confiance, avec la conviction sereine que si je ne nageais pas, je parviendrais quand même à débarquer sans couler. La fin, peut-être, l'a justifié, et je suppose que je n'ai pas fait tout ce travail sans en tirer un peu de force ; mais j'aurais aimé récupérer le temps que cela m'a coûté ; J'aimerais le gaspiller d'une autre manière. Cependant, le temps me paraissait alors interminable, et je pensais que j'en aurais assez pour lire toute la littérature espagnole ; ou, du moins, je n'avais pas l'intention de faire moins.

J'ai également suivi Irving dans mes lectures ultérieures, mais au hasard et avec d'autres auteurs en même temps. J'ai fait de mon mieux pour m'amuser de son « Knickerbocker History of New York », parce que mon père l'aimait beaucoup, mais en secret, je le trouvais lourd ; et il y a quelques années, lorsque je l'ai relu attentivement. Je ne pouvais pas rire. Même en tant que garçon, j'ai découvert d'autres éléments de son travail difficile. Il y avait de belles manières, mais la pensée semblait mince ; et je ne me souviens pas avoir été beaucoup amusé par « Bracebridge Hall », même si je l'ai lu avec dévotion, et avec le sentiment que ce serait très « comme il il faut qu'on l'aime.

Mais j'ai aimé la « Vie de Goldsmith » ; Je l'ai beaucoup mieux aimé que "Life by Forster", qui fait plus autorité, et je pense qu'il y a un sentiment plus profond et plus doux de Goldsmith. Mieux que tout, à l'exception de la « Conquête de Grenade », j'ai aimé la « Légende de Sleepy Hollow » et l'histoire de Rip Van Winkle, avec leurs caricatures humoristiques et affectueuses de la vie qui était autrefois celle de notre sol et de notre air ; et les « Contes de l'Alhambra », qui m'ont transporté à nouveau dans les scènes de ma jeunesse à côté du Xenil . C'est longtemps après avoir connu son œuvre que j'ai acquis une véritable idée d'Irving en tant qu'artiste, et peut-être n'en ai-je pleinement conscience que maintenant, lorsque je m'aperçois qu'il travaillait de bon gré seulement lorsqu'il travaillait de manière inventive. Je peux enfin rendre justice à la conception exquise de sa « Conquête de Grenade », une étude de l'histoire qui, dans une mesure unique, transmet non seulement le pathétique, mais aussi l'humour d'une des situations les plus splendides et les plus impressionnantes de l'expérience de la course. Il est très possible que quelque chose de plus grave vérité ait été sacrifié à l'effet de cette histoire agréable et touchante, mais je ne comprends pas que cela ait réellement été fait. Dans l'ensemble, je suis très content de mes trois premiers amours littéraires, et si je devais choisir pour un autre garçon, je ne vois pas comment je pourrais choisir mieux que Goldsmith, Cervantes et Irving, âmes sœurs, et chacun n'est pas un maître. seulement, mais un ami doux et aimable, dont la bonté ne pouvait manquer de lui profiter.

V. PREMIÈRE FICTION ET DRAME

Pour ma part, ma connaissance de ces auteurs a suivi certaines années béotiennes, où, si je ne reculais pas, je n'avançais guère dans les voies que j'avais tracées. Ce furent des années de travail, de surmenage, en effet, qui sont le lot de tant de gens que j'aurais honte d'en parler, sauf pour en rendre compte. Mon père avait vendu son journal à Hamilton et avait acheté une participation dans un autre à Dayton, et nous faisions tous de notre mieux pour contribuer à le payer. Mes tâches quotidiennes commençaient si tôt et se terminaient si tard que je n'avais que peu de temps, même si j'en avais l'envie, pour lire ; et ce n'est que lorsque ce que nous pensions être une ruine, mais ce qui était en réalité une libération, nous est venu à l'esprit que je suis revenu à mes livres. Puis nous sommes allés vivre à la campagne pendant un an, et le stress du labeur, avec l'ombre de l'échec qui assombrit tout, est tombé de moi comme l'horreur d'un mauvais rêve. Le seul livre nouveau dont je me souviens avoir lu au cours de ces deux ou trois années à Dayton, alors que je me souviens à peine d'en avoir lu d'anciens, était le roman de « Jane Eyre », que j'ai assimilé très imparfaitement et que j'associe avec la première rumeur des Rochester Knockings, qui commençait alors tout juste à se répercuter sur un monde qu'ils n'ont pas laissé depuis totalement en paix. C'était un sombre dimanche après-midi lorsque le livre me tomba sous la main ; et à mon intérêt pour l'histoire se mêlait l'inquiétude que les tableaux sur les murs ne lâchent leurs clous et ne viennent se poser à mes pieds ; c'était ce que faisaient les images à Rochester et dans d'autres endroits où les esprits désincarnés commençaient à se faire sentir. La chose ne s'est pas vraiment produite dans mon cas, mais j'étais seul dans la maison et cela aurait très facilement pu arriver.

Si à cette époque les livres ne m'apportaient que très peu de choses, en revanche, ma connaissance du drame s'est considérablement élargie. Il y avait de temps en temps une malheureuse compagnie de joueurs dans la ville, et ils venaient nous voir pour leur impression. Je crois qu'ils ne l'ont jamais payé, ou du moins jamais en totalité, mais ils nous ont prodigué des laissez-passer gratuits, et autant que je sache, à cette distance, j'ai profité de leur générosité, chaque nuit. Ils donnaient deux ou trois pièces à chaque représentation dans des salles ingratement petites, mais d'un esprit vif et d'un caractère impatient qui ne toléraient pas de retard dans la représentation ; et ils ont changé la facture chaque jour. De cette façon, je me suis familiarisé avec Shakespeare avant de le lire, ou du moins avec ses pièces les plus jouées à cette époque, et j'ai revu « Macbeth » et « Hamlet », et surtout « Richard III », encore une fois et encore. Je ne sais pas pourquoi mon plaisir pour ces tragédies ne m'a pas conduit au volume de ses pièces, qui se trouvait tout le temps dans la bibliothèque de la maison, mais il me semble que je n'y ai pas pensé, et comme j'étais captivé par elles, je Je ne suis pas sûr qu'ils m'aient fait plus de plaisir, ni même qu'ils me paraissent plus beaux que "Rollo", "La Femme", "L'Étranger", "Barbarossa", "L'Avare de Marseille", et le reste des mélodrames, des comédies. , et les farces que j'ai vues à cette époque. J'ai l'impression qu'il y avait des gens intelligents dans l'une de ces compagnies, et que les pièces les plus légères étaient au moins bien jouées, mais je peux me tromper complètement. Le monsieur qui jouait le rôle du méchant, avec un amour indéfectible du mal, dans les différents drames, venait souvent à l'imprimerie, et j'étais étonné de trouver en lui une personne très douce et douce. Il avait certes une moustache qui, en ce temps-là, vouait l'homme au mal, mais le jour c'était une moustache blonde, assez blonde en fait, et pas du tout la chose sombre et mortelle qu'elle était la nuit derrière les feux de la rampe. Je pouvais à peine haleter en sa présence, mon cœur bondissait tellement de crainte et d'honneur envers lui lorsqu'il nous rendait visite ; peut-être qu'il avait l'habitude d'apporter la copie des affiches. La compagnie à laquelle il appartenait a quitté la ville dans l'adversité qui leur était habituelle.

Notre propre adversité s'était accrue, et maintenant elle devenait écrasante. Nous avons dû abandonner le journal pour lequel nous avions tant lutté, mais lorsque le pire est arrivé, ce n'était pas aussi grave que ce qui s'était passé auparavant. Il n'y avait plus d'attente jusqu'à minuit pour les nouvelles télégraphiques, plus de réveils à l'aube pour remettre les journaux, plus de journées fatigantes à l'affaire, plus lourdes pour le sort qui pesait sur nous. Mon père et ses frères rêvaient depuis longtemps d'une sorte de colonie familiale quelque part à la campagne, et maintenant l'oncle le plus prospère acheta une meunerie au bord d'une rivière, non loin de Dayton, et mon père sortit pour s'en occuper jusqu'à ce que les autres pourraient façonner leur entreprise pour le suivre. Le projet n'aboutit finalement à rien, mais entre-temps nous nous échappâmes de la petite ville et de ses tristes associations de travaux inutiles, et passâmes une année à la campagne, qui fut bénie, du moins pour nous les enfants, par un séjour dans une cabane en rondins. cabane, tandis qu'une maison était en construction pour nous.

VI. "L'ÉTUDIANT ESPAGNOL " DE LONGFELLOW

Cette cabane en rondins avait un grenier où nous dormions, les garçons, et dans le grenier étaient stockés dans des tonneaux les livres qui commençaient maintenant à déborder de la bibliothèque. Je ne sais pas pourquoi j'ai choisi le loft pour renouer avec eux mon amitié longtemps négligée. La lumière n'aurait pas pu être bonne, mais si j'avais amené mes livres devant la petite fenêtre à pignon qui surplombait le moulin à grain gémissant et sifflant, je pouvais voir assez bien. Mais peut-être que je préférais le loft parce que les livres y étaient plus pratiques et parce que je pouvais être seul. En tout cas, c'est là que j'ai lu « L'Étudiant espagnol » de Longfellow, que j'ai trouvé dans un vieux papier de ses poèmes dans l'un des tonneaux, et j'ai immédiatement conçu pour lui la passion que m'inspirait tout ce qui est espagnol. En lisant, non seulement j'ai renouvelé ma connaissance de la littérature, mais j'ai renouvelé mon enthousiasme pour les gens et les lieux où j'avais été heureux avant ces années difficiles à Dayton. En même temps, j'éprouvais un peu de jalousie, un peu de rancune, à l'idée que quelqu'un d' autre les aime aussi bien que moi, et si le poème n'avait pas été si beau, j'aurais haï le poète pour avoir envahi mon territoire. Mais je n'ai pas pu résister longtemps à la sorcellerie de ses vers. L'« Étudiant espagnol » est devenu une de mes passions ; une passion mineure, pas grande, comme « Don Quichotte » et la « Conquête de Grenade », mais néanmoins une passion, et je craindrais un peu de lire cette pièce maintenant, de peur de perturber mon ancien idéal de beauté. Le serviteur voyou du héros, Chispa , m'a semblé, à ce moment-là et longtemps après, un si bon caractère espagnol que j'ai choisi son nom pour mon premier pseudonyme lorsque j'ai commencé à écrire pour les journaux et que j'ai signé ma correspondance législative pour un journal de Cincinnati. avec ça. J'étais amoureux de l'héroïne, de la charmante danseuse dont la « cachucha » me tournait la tête, ainsi que celle du cardinal, mais dont j'ai oublié le nom, et j'allais avec la pensée d'elle brûlante dans mon cœur, comme si elle avait été une vraie personne.

VII. SCOTT

Pendant tout ce temps, j'évoquais les longues périodes de jeu que je n'avais pas appréciées pendant mes années de labeur à Dayton, et j'essayais de mettre mes lectures en espagnol au service des sports que nous pratiquions dans les bois et au bord de la rivière. Nous étions Maures et Espagnols presque aussi souvent que nous étions Britanniques et Américains, ou colons et Indiens. Je soupçonne que le grand et doux garçon, fils d'un fermier voisin, qui partageait principalement nos jeux, n'avait qu'une vague idée de ce que j'entendais par mon peuple étranger, mais j'ai fait de mon mieux pour l'éclairer, et il m'a aidé à comprendre. un rêve hors de ma vie, et a fait de son mieux pour demeurer dans la région des irréalités où j'étais de préférence ; il était de temps en temps Maure alors que je pense qu'il aurait préféré être Mingo.

Je me suis également procuré les poèmes de Scott dans cette cabane et j'ai lu la plupart des contes qui m'étaient encore inconnus après les lectures antérieures de mon père. Je ne saurais dire pourquoi « Harold l'Audacieux » me plaisait le plus ; le rythme fin et fortement fluide du vers y est pour beaucoup, je crois. J'aimais toutes ces choses, et au fil des années, j'aimais de plus en plus la « Dame du Lac », et par simple amour, j'en ai fait de grandes longueurs par cœur ; mais je ne peux pas dire que Scott était alors ou jamais une grande passion pour moi. C'était, au mieux, une affection sobre, qui venait de ma sympathie pour son amour de la nature et de l'ensemble de la garde bienveillante et humaine de son génie. Bien des années plus tard, pendant le mois où j'attendais mon passeport de consul pour Venise et où j'avais du temps libre, je le passais principalement à lire tous ses romans, l'un après l'autre, sans interrompre les autres lectures. J'avais connu « Ivanhoe » auparavant, ainsi que « La Fiancée de Lammermoor » et « Woodstock », mais le reste était resté dans cette sorte de suspension qui est souvent le sort des livres que les gens s'attendent à lire naturellement, et qui viennent très souvent. ils ne lisent presque pas du tout, ou ne lisent que très tard. En les prenant dans cette séquence rapide, il ne m'en est resté que peu ou rien, et mon expérience avec eux va à l'encontre de cette sorte de lecture ordonnée et régulière, que j'ai si souvent entendu conseiller aux jeunes par leurs aînés. Je soupçonne toujours leurs aînés de ne pas avoir eux-mêmes fait ce genre de lecture.

Pour ma part, je crois que je n'ai jamais tiré aucun profit d'un livre que je n'ai pas lu illégalement et volontairement , sans aucune direction ni aucune suite, et simplement parce que je voulais le lire ; et j'ose ici louer cette façon de faire. Le livre que vous lisez par sens du devoir, ou parce que, pour une raison quelconque, vous le devez, ne vous lie généralement pas d'amitié. Il peut arriver que cela vous procure un plaisir inattendu, mais cela se fera de manière spontanée et malgré vos bonnes intentions. Une petite partie du livre lu dans un but précis reste avec le lecteur, et c'est l'une des raisons pour lesquelles la lecture pour révision est si vaine et peu rentable. J'en ai fait beaucoup, mais j'ai généralement eu conscience que le livre me refusait subtilement le meilleur qu'un livre puisse donner, puisque je ne le lisais pas pour lui-même et parce que je l'aimais, mais à des fins égoïstes. du mien, et parce que je souhaitais m'en posséder à des fins commerciales, pour ainsi dire. La lecture qui fait du bien et du bien durable est la lecture que l'on fait pour le plaisir, et de manière simple et désintéressée, comme le font les enfants. L'art se refuse encore à l'économie, et elle fait bien, car seul l'amour a droit sur elle.

Il ne reste que peu de choses des événements d'une période donnée, aussi marquants soient-ils. La mémoire peut garder trace de tout, comme on le croit, mais il ne sera pas facile de la supplier d'abandonner ses faits, et je m'efforce en veine de me rappeler les choses que j'ai dû lire cette année-là dans le pays. J'ai probablement relu les vieilles choses ; je suis certainement resté avec Cervantes, et très probablement avec Goldsmith. Il y avait une charmante histoire de l'Ohio, remplie d'histoires sur l'époque des pionniers, dont nous étions en grande partie responsables, les garçons ; et il y avait un livre d'aventures occidentales, plein de combats et de captivités indiennes, que nous avons mis en pièces. Pourtant, je pense que c'est maintenant que j'ai commencé à avoir une idée littéraire de ce que je lisais. J'ai écrit un journal et j'ai essayé de lui donner une forme et un style, mais j'ai surtout échoué. La versification à laquelle je me livrais toujours était plus facile et se livrait davantage à ma main. Je serais très heureux de savoir à présent de quoi il s'agit.

VIII. DES FANTAISIES PLUS LÉGÈRES

Lorsque mes oncles changèrent d'avis quant à la colonisation de leurs familles aux moulins, comme ils le firent au bout d'un an environ, il devint nécessaire pour mon père de chercher un nouvel emploi, et il regarda naturellement dans l'ancienne direction. Il y eut plusieurs tentatives pour se procurer tel ou tel journal, et certaines offres n'aboutirent à rien. À cette époque, il y avait peu de rédacteurs salariés dans le pays en dehors de New York, et le seul espoir que nous pouvions avoir était de trouver une place comme imprimeurs dans un bureau que nous pourrions enfin acheter. L'affaire s'est terminée par notre départ pour la capitale de l'État, où mon père a trouvé du travail comme reporter des débats législatifs pour un des journaux quotidiens, et j'ai été engagé comme compositeur. C'est ainsi que je retrouvai un contact vivant avec la littérature, et les rêveries recommencèrent sur les cas familiers de caractères. Une ambition littéraire certaine a grandi en moi et, dans les longues rêveries de l'après-midi, pendant que je distribuais mon dossier, je me suis façonné un avenir d'une splendeur irrésistible et d'une célébrité éternelle. J'aurais honte de dire quels triomphes littéraires j'ai accomplis dans ces délires grotesques. Ce que j'ai fait en réalité, c'est d'écrire un bon nombre d'exemplaires de vers, à l'imitation, jamais possédés, de Moore et Goldsmith, et de quelques poètes mineurs, dont les œuvres ont attiré mon attention, telles que je les lisais dans les journaux ou que je les mettais à la machine.

L'une de mes pièces, qui était tellement en deçà de mes performances visionnaires qu'elle traitait du thème modeste et familier du printemps, fut la première chose que j'ai jamais imprimée. Mon père l'a offert au rédacteur en chef du journal sur lequel je travaillais, et j'ai découvert, avec un mélange de honte et de fierté, ce qu'il avait fait lorsque je l'ai vu dans le journal. Dans le tumulte de mes émotions, je me suis promis que si je surmontais cette expérience en toute sécurité, je ne permettrais jamais que rien d'autre de moi soit publié ; mais je ne tardai pas à proposer moi-même un poème à l'éditeur. Je suis maintenant heureux de penser qu'il s'agissait d'un fait aussi humble qu'une famille d'agriculteurs quittant leur ancienne maison pour l'Ouest. La seule renommée de mon poème qui m'est parvenue a été lorsqu'un autre garçon du bureau en a cité quelques lignes en dérision. Cela m'a couvert d'une telle confusion que je me demande si je n'ai pas disparu de la terre. En même temps, j'y éprouvais ma joie secrète, et pourtant je pense que cela a été tenté d'une manière qui n'était ni fausse ni erronée. J'avais essayé de dessiner un aspect de la vie que j'avais vu et connu, et c'était vraiment très bien, et j'avais travaillé patiemment et soigneusement dans l'art de cette pauvre petite affaire.

Mon frère aîné, pour qui il n'y avait pas de place dans le bureau où je travaillais, en avait trouvé une dans un magasin, et il abusait des loisirs que lui laissaient les petits métiers en lisant les romans du capitaine Marryat. Je les ai lus après lui avec beaucoup d'amusement, mais sans la passion que je mettais à mes auteurs favoris. Je crois que je n'avais aucune réserve critique à leur égard, mais tout simplement ils ne me plaisaient pas. Pourtant, nous nous sommes bien amusés avec Japhet dans "Search of a Father" et avec "Midshipman Easy", et nous avons ressenti un léger frisson physique dans les ambiances sombres de " Snarle -yow the Dog-Fiend". Je ne me souviens même pas des noms des autres romans, à l'exception de « Jacob Faithful », sur lequel je suis tombé par hasard il y a quelques années et que j'ai trouvé très, difficile à lire.

Nous, les enfants habitués au libre parcours des bois et des champs, avions le mal du pays dans notre étroite cour de ville, et j'associe à ce désir le « garçon du fermier de Bloomfield », que mon père m'a acheté. C'était un petit livre en tissu bleu, et il contenait quelques gravures sur bois douces. Je l'ai lu avec un plaisir tempéré et avec un vague ressentiment de son intrusion sur le terrain de Thomson dans la division de ses parties sous les noms des saisons. Je ne sais pas pourquoi j'ai dû ressentir cela. Je n'aimais pas encore beaucoup Thomson. J'ai vraiment mieux aimé Bloomfield ; D'une part, son poème était écrit dans les décasyllabes héroïques que je préférais à tout autre vers.

IX. LE PAPE

Je déduis de cette préférence que j'avais déjà commencé à lire Pope, et que j'ai dû lire le « Village déserté » de Goldsmith. Je crois aussi que j'ai dû à cette époque avoir lu l'Odyssée, car la Bataille des Grenouilles et des Souris était dans le deuxième volume, et cela m'a pris tellement de temps que je lui ai payé l'hommage d'une simple imitation dans un livre. épopée simulée et héroïque d'un combat de chats, étudiée à partir des combats de chats dans notre arrière-cour, avec l'invocation habituelle à la Muse et à la machinerie des dieux et déesses partisans. C'était en quelques centaines de vers, que j'ai fait de mon mieux pour équilibrer comme le faisait Pope, avec une césure tombant au milieu du vers et une nette antithèse à la fin.

L'histoire de l'Odyssée m'a charmé, bien sûr, et j'ai eu des moments d'amitié intime avec Ulysse, mais je sortais de cette phase et j'en venais à lire davantage avec le sens de l'auteur, et moins avec le sens de l'auteur. ses personnages en tant que personnes réelles ; c'est-à-dire que je devenais plus littéraire et moins humain. Je suis tombé amoureux de Pope, dont j'ai lu la vie avec une ardeur de sympathie qu'il ne méritait guère, je crains. J'étais de son côté dans toutes ses querelles, pour autant que je les comprenais, et si je ne les comprenais pas, j'étais quand même de son côté. Quand j'ai découvert qu'il était catholique, j'étais presque prêt à abjurer la religion protestante pour lui ; mais je m'aperçus que ce n'était pas nécessaire lorsque j'appris que la plupart de ses amis étaient protestants. A vrai dire, je n'aimais pas d'abord ses meilleures choses, mais je restai longtemps surtout attaché à ses pastorales de cochonneries, que j'imitais sans cesse, avec tout un appareil d'amoureux et de bergères, de ruisseaux purulents, d'hydromels émaillés , d'années roulantes. , etc.

Après ma journée de travail sur l'affaire, je passais la soirée à mes tentatives littéraires enfantines, forçant ma pauvre invention dans ce genre contre nature, et frottant et polissant mes misérables vers jusqu'à ce qu'ils prennent parfois un effet qui, s'il n'était pas le cas. comme celui de Pope, ne ressemblait à aucun des miens. Malgré toutes mes peines, je ne pense pas avoir jamais réussi à mener à bien aucune de mes pastorales. Ils s'arrêtèrent tous quelque part à mi-chemin. Mes amoureux ne trouvaient plus rien à dire, et les mérites de mes bergères restaient indécis. À ce jour, je ne sais pas si, dans un cas donné, c'est le champion de Chloé ou de Sylvia qui a remporté le prix de sa foire, mais j'ose dire que cela n'a pas beaucoup d'importance. Je suis sûr que j'ai produit une rhétorique aussi artificielle et traité des choses aussi irréelles que mon maître dans cet art, et je suis plutôt heureux de m'être familiarisé si parfaitement avec un état d'esprit littéraire qui, quoi qu'on puisse dire contre lui, semble ont exprimé très parfaitement un état d'esprit de civilisation.

La scolarité sévère que je me suis donnée n'a pas été sans utilité immédiate. J'ai appris à choisir entre des mots après une étude de leur adéquation, et bien que je les emploie souvent de manière décorative et sans sens vital de leurs qualités, néanmoins, dans une simple décoration, ils devaient être choisis intelligemment, et après avoir réfléchi à leur structure et à leur qualité. signification. Je ne pouvais pas imiter Pope sans imiter ses méthodes, et sa méthode était intelligente au dernier degré. Il savait certainement ce qu'il faisait, et même si je ne savais pas toujours ce que je faisais, il me donnait envie de savoir et me donnait honte de ne pas savoir. Il existe plusieurs poètes plus vrais qui n'auraient peut-être pas fait cela ; et après tout le mépris moderne du Pape, il me semble avoir été au moins un des grands maîtres, sinon un des grands poètes. La vie du pauvre homme était aussi faible et tortueuse que son corps fragile et tourmenté, mais il avait un esprit intrépide et il s'est frayé un chemin contre des obstacles qui auraient bien pu consterner une nature plus forte. Je suppose que je dois admettre qu'il était de temps en temps snob et de temps en temps menteur, mais je crois qu'il aimait la vérité et qu'il aurait aimé toujours se respecter s'il le pouvait. Il se révoltait violemment, de temps à autre, de l'abaissement auquel il se forçait, et il mordait toujours le talon qui le marchait, surtout s'il s'agissait d'un talon très haut et étroit, avec un bas cintré et une jupe à cerceaux par-dessus. Je l'ai aimé tendrement à un moment donné, puis je l'ai méprisé, mais maintenant je ne suis pas désolé pour l'amour, et je suis vraiment désolé pour le dépit. Je lui dois humblement une immense dette, dont la moindre partie réside dans la perception qu'il est un modèle bien plus à éviter qu'à suivre en littérature.

Il fut le premier des écrivains du temps de la grande Anna que je connaissais, et il me fit comprendre, s'il ne me faisait pas comprendre tout de suite, l'ordre d'esprit et de vie auquel il appartenait. Grâce à ses pastorales, j'ai pu jouir longtemps après, avec le double sens requis pour y jouir pleinement, de ces artificialités divinement excellentes de « l' Aminta » du Tasse et du « Pasteur Fido » de Guarini ; des choses que vous n'aimerez vraiment qu'après avoir plaisanté en pensant à quel point les gens les aimaient autrefois sérieusement en tant qu'exemples de poésie.

Bien sûr, je lis d'autres choses de Pope en plus de ses pastorales, même à l'époque où je les lisais tant. J'ai lu, ou pas très facilement ou volontiers, son « Essai sur l'homme », que mon père admirait, et dont il a probablement mis les ouvrages de Pope entre mes mains pour que je les lise ; et je lis la Dunciade avec une ardeur assez furieuse pour les querelles ennuyeuses qu'elle célèbre, et un intérêt pour ses rouages, auxquels elle me fatigue de penser. Mais ce n'est qu'il y a quelques années que j'ai lu le « Viol de la serrure », une chose parfaite en son genre, quoi que nous choisissions de penser de ce genre. Dans l'ensemble, je pense beaucoup mieux à ce genre qu'autrefois, mais pas autant que je l'aurais pensé si j'avais lu le poème lorsque la fièvre de mon amour pour Pope était au plus haut.

C'est une belle question de savoir dans quelle mesure on est aidé ou blessé par nos idéalisations de personnages historiques ou imaginaires, et je n'essaierai pas d'y répondre complètement. Je suppose que si j'avais autrefois entretenu une telle passion pour Pope personnellement que j'aurais volontiers fait les choses qu'il a faites, raconté des mensonges, exprimé ma méchanceté et infligé les cruautés dont cette pauvre âme était pleine, c'était pour la raison, en partie, parce que je ne voyais pas ces choses telles qu'elles étaient, et que dans le mirage de son talent j'étais aveugle à tout sauf aux vertus de ses défauts, qu'il avait certainement, et en partie parce que dans mon amour pour lui, je Je ne pouvais pas prendre parti contre lui, même si je savais qu'il avait tort. Après tout, j'imagine que son enthousiasme pour tel ou tel héros imparfait ne cause pas beaucoup de mal au garçon dévoué. Dans mon propre cas, je suis sûr d'avoir fait une distinction quant à certains péchés de mes idoles. Je ne pouvais pas les rabaisser ni cesser de les adorer, mais certaines de leurs faiblesses me peinaient et me faisaient secrètement honte à leur sujet. Je n'ai pas excusé ces choses en eux, ni essayé de croire qu'elles étaient moins mauvaises pour eux qu'elles ne l'auraient été pour moins de gens. C'était après que je sois parvenu plus ou moins à la connaissance du bien et du mal. Tandis que je restais dans l'innocence de l'enfance, je ne comprenais même pas le mal. Quand j'ai réalisé quelle vie certains de mes poètes avaient menée, à quel point ils étaient ivrognes, et escrocs, impudiques et faux, je me suis lamenté sur eux avec un sentiment de honte personnelle en eux, et à ce jour, je n'ai aucune patience avec ce code. du monde qui se détend en faveur du délinquant brillant et doué ; il devrait plutôt subir davantage de reproches. Le pire de la littérature des temps passés, avant qu'une conscience éthique ne commence à l'informer, ou que le progrès de l'humanité ne la contraigne à la décence, est qu'elle laisse l'esprit souillé d'images immondes et de pensées basses ; mais ce que j'ai essayé de dire, c'est que le garçon, à moins qu'il ne soit préalablement exceptionnellement dépravé, en est sauvé par son ignorance. Pourtant, j'aimerais qu'ils ne soient pas là, et j'espère que le temps viendra où l'homme-bête sera si maîtrisé et apprivoisé en nous que son souvenir dans la littérature périra ; que ce qu'il y a d'obscène et de grivois chez les grands poètes sera tenu à l'écart des éditions destinées à la lecture générale, et que l'orgueil pédant qui le perpétue aujourd'hui comme une partie essentielle de ces poètes n'aura plus son chemin. À la fin, de telles choses souillent, corrompent. On peut les pallier ou les excuser pour telle ou telle raison, mais c'est la vérité, et je ne vois pas pourquoi ils ne devraient pas être exclus de la littérature, comme ils l'ont été depuis longtemps du discours des honnêtes gens. Les histoires littéraires peuvent en garder trace, mais certains répugnent à considérer ces tas d'ordures, accumulés de génération en génération et soigneusement transmis d'âge en âge, comme quelque chose de précieux et de vital, et non pas à juste titre considéré comme un déchet moral. ce qu'ils sont.

Pendant l'hiver que nous passâmes à Colomb, je suppose que mon père nous lisait des choses à haute voix selon son ancienne habitude, et que j'écoutais avec les autres. J'ai une vague idée de connaître pour la première fois le « Château de l'Indolence » de Thomson de cette façon, mais j'étais de plus en plus impatient de me faire lire des choses. Le problème était que je captais une pensée ou une image dans le texte, et que mon imagination continuait à jouer avec cela pendant la lecture, et je perdais le reste. Mais je pense que la lecture était moindre à tous égards qu'elle ne l'avait été, parce que son travail était épuisant et ses loisirs moins nombreux. Mes propres heures à l'imprimerie commençaient à sept heures et se terminaient à six heures, avec une heure à midi pour le dîner, que j'utilisais souvent pour écrire les vers qui m'étaient parvenus dans la matinée. Dès que le dîner fut terminé, je sortis mes manuscrits, que je gardais en grand désordre, et écrivis de plusieurs mains différentes sur plusieurs sortes de papier, sciai, limai et martelai mes héroïques papeens bénis jusqu'à neuf heures. , quand je me couchais régulièrement, pour me lever à cinq heures. Parfois, le contremaître me donnait un après-midi de congé le samedi et, même si les journées étaient longues, le travail n'était pas toujours constant et n'était jamais très pénible. Je soupçonne que le bureau n'était pas aussi prospère qu'on aurait pu le souhaiter. J'y étais déplacé d'un endroit à l'autre, et j'avais tout le temps de rêver à la répartition de mon cas. Mais j'aimais beaucoup mon travail et j'étais fier de ma rapidité et de mon habileté. Un jour, alors que le contremaître, perplexe, ne trouvait aucune tâche à me confier, il m'offrit des vacances, mais je ne voulus pas les prendre, aussi j'imagine qu'à cette époque je n'étais pas plus intéressé par mon art de la poésie que par mon métier d'imprimeur. . Ce qui se passait au bureau m'intéressait autant que les querelles de l'époque augustéenne des lettres anglaises, et j'en ai beaucoup plus parlé dans le journal grossier et informe que je tenais, en partie en vers et en partie en prose, mais toujours de un genre littéraire nettement inférieur à celui que j'essayais d'écrire autrement. Il doit y avoir une allusion au terrible combat d'éponges mouillées que j'y ai vu un jour entre deux des garçons qui se les jetaient l'un contre l'autre. Cette aimable bagarre, qui s'est poursuivie pendant l'absence du contremaître, a attiré mon attention pour la première fois sur le garçon qui est devenu un nom bien connu dans la littérature. J'admirais sa vigueur de combattant, mais je ne lui parlais jamais à cette époque, et je n'imaginais pas que lui aussi bouillonnait de vers, probablement aussi férocement que moi. Six ou sept ans plus tard, nous nous sommes revus, alors que nous étions tous deux devenus journalistes et que nos poèmes avaient été acceptés par M. Lowell pour l'Atlantic Monthly, puis nous avons noué une amitié littéraire qui a abouti à la publication conjointe d'un volume de vers. « Les Poèmes de deux amis » sont devenus instantanément et durablement inconnus de la renommée ; l'Occident a attendu, comme toujours, d'entendre ce que l'Est devait dire ; l'Orient ne dit rien, et les deux tiers de la petite édition de cinq cents revinrent entre les mains de l'éditeur. J'imagine que ces exemplaires ont été « broyés » à la manière d'un stock sans valeur, car j'ai vu un seul exemplaire du livre cité l'autre jour dans le catalogue d'un libraire à dix dollars, et j'en déduis qu'il est si rare qu'il est apprécié au moins pour sa rareté. C'était un très joli petit livre, imprimé sur du papier teinté alors appelé « blush » dans le commerce, et il était fabriqué dans le même bureau où nous avions autrefois été garçons ensemble, sans nous connaître. Un autre garçon de cette époque était devenu contremaître du bureau, et il était très sévère avec nous au sujet des épreuves et nous envoyait des messages blessants en marge. Peut-être pensait-il que nous allions prendre des airs, et peut-être aurions-nous pris des airs si le sort de notre livre avait été différent . Dans l'état actuel des choses, je pense vraiment que nous avons agi avec suffisamment de douceur, et après trente-quatre ou cinq ans de réflexion, je suis encore très modeste sur ma part du livre, malgré le prix qu'il porte dans le catalogue du libraire. Mais j'ai progressivement apprécié la part de mon ami dans cette entreprise, et je pense qu'il n'y a actuellement aucun Américain sur vingt-trois qui écrit des vers d'aussi bonne qualité, avec un idéal aussi pur et élevé, et avec une impulsion aussi authentique. comme l'étaient alors ceux de John J. Piatt. Il savait déjà insuffler dans sa rime enflammée l'esprit même de la région dont nous étions tous deux originaires, et le Moyen-Ouest a en lui son vrai poète, qui était bien plus que son poète, qui avait une imagination riche et tendre, un un joli sens de la couleur, et une touche même alors en toute sécurité et pleinement la sienne. Il y a quelques jours, je lisais ses poèmes dans ce pauvre petit livre, et je m'étonnais avec honte et contrition de n'avoir pas tout de suite connu leur incomparable supériorité sur la mienne. Mais j'avais alors l'habitude, et longtemps après, de le taxer d'obscurité, sans savoir que mon propre manque de simplicité et de franchise était responsable de cet effet. Dès le début, ma lecture était telle qu'elle m'a séduit par la clarté, la précision ; tout ce qui restait dans le vague m'était intolérable ; mais ma longue soumission à Pope, bien qu'elle ait été utile à d'autres égards, m'a rendu si strictement littéraire dans mon point de vue que parfois je ne pouvais pas voir ce qui était, s'il était abordé plus naturellement et sans aucune préoccupation technique, parfaitement transparent. Il restait à une autre grande passion, peut-être la plus grande de ma vie, de fondre ces gyves dans lesquelles je m'efforçais tant de danser, et de me libérer à jamais des liens dans lesquels j'avais mis tant de temps et de peine à m'impliquer. Je ne devais pas encore connaître cette passion avant cinq ou six ans, et pendant ce temps, je continuais comme je l'avais fait et j'effectuais ma délivrance de la manière prédestinée. Ce qui me plaisait alors, c'était la régularité, l'uniformité, l'exactitude. Je ne concevais pas la littérature comme l'expression de la vie, et je ne pouvais pas imaginer qu'elle doive être décousue, changeante et infixée, même au risque d'un certain flou.

X. DIVERSES PRÉFÉRENCES

Mon père aimait beaucoup Byron et je devais déjà savoir que ses poèmes étaient dans notre bibliothèque. Alors que nous étions encore à Colomb, j'ai commencé à les lire, mais je n'en ai pas lu autant que cela aurait pu m'aider à atteindre un idéal plus vrai et plus libre. J'ai lu « English Bards and Scotch Reviewers » et j'ai aimé sa musique vulgaire et son sarcasme autoritaire. Ceux-ci auraient peut-être fasciné n'importe quel garçon, mais j'avais un tel fanatisme pour les vers méthodiques que toute variation des distiques octosyllabiques et décasyllabiques m'était pénible. La strophe spencerienne , avec sa riche variété de mouvements et ses conclusions harmonieuses, m'a longtemps fermé "Childe Harold", et chaque fois que je trouvais un poème dans un livre qui ne faisait pas rimer son deuxième vers avec son premier, je le lisais à contrecœur ou pas à la fois. tous.

Cet engouement ne pouvait pas durer, bien sûr, mais il dura au-delà de notre séjour à Columbus, qui se termina avec l'hiver, lorsque la législature s'ajourna et que l'emploi de mon père cessa. Il essaya de trouver un travail éditorial sur le journal qui avait imprimé ses rapports, mais chaque endroit était plein, et il était vain de rêver d'y acquérir un droit de propriété. Nous n'avions rien et nous devons chercher une occasion où autre chose que l'argent nous serait utile. Cela s'est présenté dans le village d'Ashtabula, dans le nord-est de l'État, et là nous nous sommes tous retrouvés par une nuit au clair de lune du début de l'été. Le Lake Shore Railroad se terminait ensuite à Ashtabula, dans un banc de sable, et mon frère aîné et moi sortions de la gare à pied, tandis que le reste de la famille, qui remplissait assez bien l'omnibus, montait à cheval. Nous avions été très heureux à Colomb, comme nous étions susceptibles d'être n'importe où, mais aucun de nous n'aimait l'étroitesse des rues de la ville, même si elles étaient proches des bois, et nous avions hâte de retourner à la campagne. Nous avions toujours vécu jusqu'alors dans de grandes villes, sauf cette année-là à Mills, et nous avions hâte de voir à quoi ressemblait un village, surtout un village entièrement peuplé de Yankees, comme notre père l'avait rapporté. Je dois admettre que nous l'avons trouvé bien plus joli que tout ce que nous avions connu dans le sud de l'Ohio, que nous aimions tant et répugnons à quitter, et quand j'y repense, il me semble toujours l'un des plus jolis petits endroits que j'ai jamais connu. , avec ses maisons en bois blanc, scintillant dans l'obscurité de ses ormes et de ses érables, et leurs jardins silencieux à côté de chacune, et les rues silencieuses, bordées d'herbe et de sable entre elles. L'hôtel, où nous rejoignions notre famille, se cachait derrière un groupe de grands ormes, et nous buvions à la pompe municipale devant elle, rien que pour le plaisir de la pomper.

Le village était tout ce que l'on pouvait imaginer de simple et doucement romantique au clair de lune, et le jour venu, il ne lui enlevait pas son charme.

Il était à mes yeux aussi beau que le plus beau village de la plaine, et il avait l'avantage de réaliser le Village Déserté sans être déserté.

XI. LA CASE DE L'ONCLE TOM

Le livre qui m'a le plus ému, lors de notre séjour de six mois à Ashtabula, commençait alors à émouvoir le monde entier plus qu'aucun autre livre ne l'a ému. Je l'ai lu tel qu'il paraissait semaine après semaine à l'époque de l'ère nationale, et j'ai brisé mon cœur à cause de La Case de l'oncle Tom, comme tout le monde . Pourtant, je ne peux pas dire que c'était une de mes passions comme Don Quichotte ou les autres livres que j'avais intensément aimés. J'en ai ressenti la grandeur dès la première lecture, et chaque fois que je l'ai lu depuis, j'ai vu de plus en plus clairement que c'était un très grand roman. Malgré certaines lacunes évidentes dans son art, et avec un art qui est au mieux très simple, et peut-être primitif, le livre reste une œuvre d'art. Je le savais, dans une certaine mesure alors, comme je le sais maintenant, et pourtant ni la fierté littéraire que je commençais à avoir de la perception de telles choses, ni le puissant appel qu'elle faisait à mes sympathies, ne suffisaient à m'en passionner. Je ne pourrais pas dire pourquoi il en était ainsi. Pourquoi l'imagination du jeune homme , lorsqu'elle se tourne légèrement vers des pensées d'amour, se tourne-t-elle vers ceci et non vers cela ? Il ne semble pas y avoir plus de raisons pour l'un que pour l'autre.

Au lieu de rester plongé jusqu'aux lèvres dans le vif intérêt de ce qui est peut-être encore notre principale fiction, j'ai versé mon tribut de larmes et j'ai continué mon chemin. Je n'ai pas essayé d'écrire une histoire d'esclavagiste, comme j'aurais très bien pu le faire ; Je n'ai imité ni la forme ni la manière du roman de Mme Stowe ; J'ai continué à imiter les pastorales de Pope, que j'ose dire que je pensais beaucoup plus belles et plus dignes des pouvoirs d'un poète tel que je voulais être. Je l'ai fait, comme je devais le ressentir alors, au prix d'un risque personnel d'ordre surnaturel, car mes études avaient tendance à se prolonger jusque tard dans la nuit après que le reste de la famille se soit couché et qu'un certain fantôme, que j'avais toutes les raisons de craindre, auraient très bien pu visiter la petite pièce qui m'avait été donnée pour écrire. Il y avait une histoire, que j'ai hésité à vérifier, selon laquelle un ancien habitant de notre maison s'y serait pendu, mais je ne le sais pas. jour si c'était vrai ou non. Le doute ne l'empêchait pas de se balancer au montant de la porte, dans ma conscience, et maintes fois j'ai évité la vue de ce suicide problématique en gardant les yeux fixés sur le livre devant moi. C'était un dispositif très simple, mais parfaitement efficace, comme je pense que quiconque l'emploiera dans des circonstances semblables le constatera ; et j'aimerais vraiment le recommander aux garçons en pleine croissance, troublés comme moi à l'époque.

Je n'ai jamais su qui était ce pauvre âme, ni pourquoi il s'était retiré du monde, s'il l'avait réellement fait, ou s'il y avait jamais été ; mais je suis sûr que ma passion pour le pape et mon objectif d'écrire des pastorales ont dû être vraiment puissants pour me faire traverser des dangers de ce genre. Je soupçonne que la preuve la plus forte de leur existence était l'aspect sombre et en ruine de la maison, qui était l'une des plus anciennes du village et la seule qui y était à louer. Nous y sommes entrés parce que nous le devions le faire, et nous devions le quitter dès que nous pourrions en trouver un meilleur. Mais avant que cela n'arrive, nous avons quitté Ashtabula et je me suis retrouvé avec l'une des rares possibilités qui m'ont été offertes de voir un fantôme sur son propre terrain, pour ainsi dire.

Je n'en étais pas fâché, car je crois que je n'entrais ni n'en sortais, de jour comme de nuit, sans un frisson plus ou moins secret ; et au moins, maintenant, nous devrions pouvoir avoir une autre maison.

XII. OSSIEN

Il est très probable que la lecture d'Ossian ait quelque chose à voir avec mes angoisses morbides. J'avais déjà lu l'imitation de Byron et je l'avais prodigieusement admiré, et lorsque mon père m'a offert le livre - comme d'habitude je ne savais pas où ni comment il l'avait obtenu - toutes les grandes formes qui bougeaient sous les yeux des bardes hantés n'étaient pas visibles. dans la sombre vallée de l'automne aurait pu m'en empêcher. Il contenait certaines grandes illustrations, qui étaient très bonnes à la manière froide de Flaxman, et ont largement contribué à accroître la fascination des poèmes pour moi. Ils n'ont pas supplanté les pastorales de Pope dans mes affections, et ils n'ont jamais été chez moi la grande passion qu'avaient été les poèmes de Pope.

J'ai immédiatement commencé à faire mes imitations d'Ossian, et j'ose dire qu'elles n'étaient pas plus venteuses et plus brumeuses que l'original. En même temps, je lisais la littérature sur le sujet et j'accordais aux prétentions de Macpherson une foi inconditionnelle. J'aurais dû faire très peu de cas de quiconque aurait contesté l'authenticité des poèmes, mais heureusement, à ma connaissance, personne n'avait une opinion contraire dans ce village, ni qui se souciait d'Ossian, ni même qui avait entendu parler de lui. de lui. Cela m'a épargné bien des controverses passionnées avec mes contemporains, mais je l'ai eu dans de nombreuses rêveries colériques avec le Dr Johnson et d'autres, qui avaient osé dire en leur temps que les poèmes d'Ossian n'étaient pas de véritables lays du barde gaélique. , transmis de père en fils et tiré des lèvres de vieilles femmes dans des huttes des Highlands, comme le prétendait Macpherson.

En fait, j'ai vécu à ma manière l'époque du XVIIIe siècle où ces curieuses fraudes étaient poliment acceptées dans toute l'Europe, et je pense pourtant qu'elles étaient vraiment plus dignes d'être acceptées que la plupart des artifices qui passaient alors pour de la poésie. Il y avait en eux une lumière de la nature, et c'est sûrement ce qui m'a plu, si longtemps enfermé dans l'atelier de Pope. Mais curieusement, je n'ai pas faibli dans mon allégeance à son égard, et je n'ai pas réalisé que cette forme libre était une délivrance, si je le voulais, des chaînes et des menottes dont j'avais eu tant de mal à me mettre en place. Rien ne m'aurait probablement alors persuadé de les remettre définitivement à plus tard, ou de faire plus que les laisser de côté pour le moment pendant que j'essayais ce nouvel arrêt et cette nouvelle étape.

Je pense que même à cette époque, j'avais un doute instinctif quant à savoir si l'informe valait vraiment mieux que la formalité. Quelque chose, me semble-t-il, peut être contenu et maintenu en vie dans la formalité, mais dans l'informe, tout se déverse et se dépérit. C'est là que je trouve le défaut fatal de notre Ossian américain, Walt Whitman, dont la voie est là où réside la folie artistique. Il a eu de grands moments, des pensées belles et nobles, des aspirations généreuses et un cœur assez large et chaleureux pour toute la race, mais il n'avait ni limites, ni forme ; il était aussi libéral que l' air du boîtier, mais il était souvent aussi vague et intangible. Je ne peux pas dire combien de temps a duré ma passion pour Ossian, mais pas longtemps, j'imagine, car je n'en trouve aucune trace dans la période qui a suivi notre déplacement d'Ashtabula au siège du comté de Jefferson. J'ai continué avec Pope, j'ai continué avec Cervantes, j'ai continué avec Irving, mais je suppose qu'il n'y avait vraiment pas assez de substance chez Ossian pour nourrir ma passion, et elle est morte d'inanition.

XIII. SHAKESPEARE

La création de notre journal dans le village là où il n'y en avait pas auparavant, et son agrandissement de quatre à huit pages, furent des événements si enrichissants qu'ils ne laissèrent guère de place à une autre excitation que celle de faire connaissance avec les jeunes du village, et aller à des fêtes, des promenades en traîneau, des promenades, des promenades en voiture, des pique-niques, des danses, et tous les autres plaisirs auxquels cette communauté semblait s'adonner au-delà de tous les autres que nous avions connus. Le village était plus petit que celui que nous venions de quitter, mais il n'en était pas moins animé, et je pense que, par sa taille, son époque et son lieu, il possédait une part peu commune de ce qu'on a appelé depuis la culture. L'expérience intellectuelle du peuple était surtout théologique et politique, comme partout à cette époque, mais il y en avait plusieurs parmi eux qui avaient un véritable amour pour les livres, et lorsqu'ils se réunissaient chez le pharmacien, comme ils le faisaient tous les soirs, pour discuter De l'inspiration des Écritures et des principes du parti Free Soil, la discussion tournait parfois sur les mérites respectifs de Dickens et Thackeray, Gibbon et Macaulay, Wordsworth et Byron. Il y avait des étudiants en droit qui lisaient " Noctes Ambrosianae" , "L'Âge de Raison" et "Festus" de Bailey, ainsi que les "Commentaires" de Blackstone ; et il y avait dans ce village une bibliothèque publique de six cents habitants, petite mais très bien choisie, qui était tenue dans un cabinet d'avocats et était gratuite pour tous. Il me semble maintenant que les gens s'y réunissaient plus souvent qu'eux. ils le font dans la plupart des campagnes et se frottent davantage l'esprit, mais c'est peut-être une de ces agréables illusions de mémoire auxquelles les hommes sont sujets plus tard dans la vie.

Je n'insiste sur rien, mais il est certain que l'air était plus favorable aux goûts que je m'étais formés que tous ceux que j'avais encore connus, et j'ai trouvé avec eux une sympathie plus large, sinon plus profonde. Il y avait un de nos imprimeurs qui aimait les livres, et nous avons revu ensemble Don Quichotte, la Conquête de Grenade et nous avons commencé à lire d'autres choses d'Irving. Il y avait un très bon petit stock de livres à la pharmacie du village, et parmi ceux qui commençaient à me tomber entre les mains se trouvaient les poèmes du Dr Holmes, des volumes égarés de De Quincey et, çà et là, des ouvrages mineurs de Thackeray. Je crois que je n'avais pas d'argent pour les acheter, mais il y avait un compte ouvert, ou un comité, entre l'imprimeur et le libraire, et on devait me laisser une certaine discrétion pour me procurer des livres.

Pourtant, je ne pense pas être allé loin dans les auteurs les plus modernes, ni avoir donné mon cœur à aucun d'entre eux. Du coup, il fut maintenant donné à Shakespeare, sans préavis ni raison, ce dont je me souviens, sauf que mon ami l'aimait aussi, et que nous trouvions un double plaisir à le lire ensemble. Les imprimeurs des anciens bureaux débitaient toujours plus ou moins Shakespeare, et je suppose que je n'aurais pas pu rester loin de lui plus longtemps, compte tenu de la nature des choses. Je ne peux pas fixer l'heure ni le lieu où mon ami et moi avons commencé à le lire, mais c'était dans les petits caractères de notre édition impie, et bientôt nous en avions par cœur de longs extraits de "Hamlet", de "La Tempête", de "Macbeth", de "Richard III", de "Le Songe d'une nuit d'été", de "La Comédie des Erreurs", de "Jules César", de "Mesure pour Mesure", de "Roméo et Juliette", de "Deux messieurs de Vérone".

C'étaient les pièces que nous aimions et que nous avions dû lire en commun, ou du moins en même temps : mais d'autres que j'aimais plus particulièrement étaient les Histoires, et parmi elles particulièrement les Henry, où paraissait Falstaff. Ce réprouvé grossier et palpable m'a beaucoup plu. Je me réjouissais énormément de lui, ainsi que de ses camarades, Pistol, Bardolph et Nym . Je ne pouvais pas lire sa mort sans émotion, et ce fut pour moi un chagrin personnel lorsque le prince, couronné roi, le renia : canaille pour canaille, je considère toujours le prince comme le pire canaille. Peut-être que je me flatte, mais je crois que même alors, à l'âge de seize ans, j'avais pleinement conçu le personnage de Falstaff et suis entré dans la conception merveilleusement humoristique que l'auteur avait de lui. Il n'existe pas en littérature une conception aussi parfaite du sensualiste égoïste, et cette conception est d'autant plus parfaite que l'esprit qui éclaire le vice de Falstaff, une lumière froide et sans tendresse, car ce n'était pas un bon garçon, quoique joyeux. compagnon. Je ne suis pas sûr mais je devrais le mettre à côté d'Hamlet, et au niveau du nom, pour le mérite de sa complétude artistique, et à une époque je le préférais de loin, ou du moins son humour.

Quant à Falstaff personnellement, ou à ses semblables, j'étais plutôt pointilleux et je ne me serais pas lié d'amitié avec lui en chair et en os, ni beaucoup ni peu. Je me délectais de toutes ses apparitions dans les Histoires, et j'essayais d'être aussi heureux lorsqu'un Falstaff factice et superficiel reprend vie dans les « Joyeuses Commères de Windsor », même si au fond de mon cœur je sentais la différence. Je commençai à faire mes imitations de Shakespeare, et j'écrivis 57 passages où Falstaff, Pistol et Bardolph parlaient ensemble, dans cette veine d'Ercles qu'on saisit si facilement. C'était après un an ou deux de relations irrégulières et interrompues avec l'auteur qui ont été mon mode d'amitié avec tous les auteurs que j'ai aimés. Mon culte de Shakespeare a atteint des sommets et des longueurs qu'il n'avait atteint sans aucune idole antérieure, et il y a eu un moment suprême, un jour, où je me suis retrouvé à dire que la création de Shakespeare était aussi grande que la création d'une planète.

Il devrait certainement y avoir une limite au-delà de laquelle on ne devrait pas permettre que le culte des auteurs favoris s'étende. Je devrais maintenant m'en tenir aux limites de cet excès initial et ne devrais pas comparer la création de Shakespeare à la création d'un corps céleste plus gros, par exemple, qu'un des astéroïdes sans nom qui tournent entre Mars et Jupiter. Même cela, je ne pense pas que ce soit un véritable moyen de comparaison, et je pense que dans le cas de tous les grands hommes, nous aimons laisser notre merveille monter et monter, jusqu'à ce qu'elle laisse la vérité derrière elle, et que l' honnêteté soit pratiquement rejetée. comme lest. Une critique avisée ne magnifiera pas plus Shakespeare parce qu'il est déjà grand qu'elle ne magnifiera pas moins l'homme. Mais nous avons la responsabilité de le retrouver tel qu'on nous l'a dit, et nous devons le faire ou nous soupçonner d'un manque de goût, d'un manque de sensibilité. En même temps, nous pouvons vraiment être plus honnêtes que ceux qui nous ont fait attendre ceci ou cela de lui, et plus encore de ses amis. J'aimerais que le moment vienne où nous pourrions lire Shakespeare, Dante et Homère aussi sincèrement et aussi équitablement que nous lisons n'importe quel nouveau livre du moins connu de nos contemporains. La direction de la critique va dans ce sens, mais lorsque j'ai commencé à lire Shakespeare, je n'aurais pas osé penser qu'il n'était pas grand à tout moment. Je n'aurais pas plus songé à remettre en question la poésie d'aucun passage de lui qu'à remettre en question les preuves des écritures saintes. Je savais pourtant très bien que tout ce que je lisais était vraiment médiocre, et que les personnes et les positions étaient souvent grotesques. Il est bien dommage qu'on ne permette pas à une jeunesse ardente, et même qu'on l'encourage, de se dire cela, au lieu de se soumettre servilement à un grand auteur et de l'accepter en tout point comme infaillible. Shakespeare est assez beau et assez grand quand on lui fait toutes les dénigrements possibles, et je n'ai aucune crainte de dire maintenant qu'il serait plus beau et plus grand s'il perdait la moitié de son œuvre, bien que si j'avais entendu quelqu'un dire une chose pareille, alors J'aurais dû le tenir à peine mieux qu'un méchant.

Dans l'ensemble, c'était une bonne chose que je n'aie pas trouvé Shakespeare plus tôt, même s'il est plutôt étrange que ce ne soit pas le cas. Je l'ai connu sur scène dans la plupart des pièces qui étaient jouées. J'avais partagé la conscience de Macbeth, la passion d'Othello, le doute d'Hamlet ; à plusieurs reprises, dans mon affinité naturelle pour les méchants, je m'étais moqué et souffert avec Richard III.

Aucun dramaturge n'a probablement jamais eu moins besoin de la scène, et aucun n'y a jamais apporté davantage. Il y a eu peu de joies pour moi dans la vie comparables à celles de voir le rideau se lever sur « Hamlet » et d'entendre les gardes commencer à parler du fantôme ; et pourtant, comme cette joie se transmet pleinement sans aucune incarnation matérielle ! Il en est de même dans toute la gamme de ses pièces : elles remplissent la scène, mais s'il n'y a pas de scène, elles remplissent l'âme. Ils ne sont ni pires ni meilleurs grâce au théâtre. Ils sont si grands que cela ne peut les gêner ; ils sont si vitaux qu'ils l'agrandissent à leurs propres proportions et le dotent d'un peu de leur propre force vitale. Ils lui donnent la grandeur de la vie, et cependant ils l'écartent si complètement que vous n'y pensez pas plus qu'à la physionomie de celui qui vous parle d'une manière importante. J'ai entendu des gens dire qu'ils préféraient ne pas voir Shakespeare joué plutôt que de le voir mal joué, mais je ne peux pas être d'accord avec eux. Il peut mieux se permettre d'être mal joué que n'importe quel autre homme ayant jamais écrit. Quel que soit celui qui est sur scène, c'est toujours Shakespeare qui me parle, et c'est peut-être la raison pour laquelle, dans le passé, je ne constate aucune différence entre lire ses pièces et les voir.

L'effet est si égal selon les deux expériences que je ne suis pas sûr, pour certaines pièces, si je les ai lues ou si je les ai vues en premier, bien que pour la plupart d'entre elles, je sache que je ne les ai jamais vues du tout ; et s'il faut dire toute la vérité, il y a encore une de ses pièces que je n'ai pas lue, et je crois qu'elle est considérée comme l'une de ses plus grandes. Il y en a plusieurs, avec toutes mes lectures d'autres, que je n'avais lues que depuis quelques années ; et je ne pense pas que j'aurais perdu grand-chose si je n'avais jamais lu « Périclès » et « Le Conte d'hiver ».

À cette époque, je n'avais aucune préférence philosophique pour la réalité en littérature, et j'ose dire que si on me l'avait demandé, j'aurais répondu que les pièces de Shakespeare, où la réalité est le moins ressentie, étaient les plus imaginatives ; c'est encore la croyance des critiques puérils ; mais je suppose que c'est mon goût instinctif pour la réalité qui a rendu les grandes Histoires si délicieuses et qui a rendu "Macbeth" et "Hamlet" vitaux dans leurs fantômes et leurs sorcières. J'y trouvai un monde appréciable à expérimenter, un monde indiciblement plus vaste et plus grand que la pauvre petite affaire dont je n'avais connu qu'un petit coin obscur, et pourtant d'une même qualité avec elle, pour que je puisse être autant chez moi et citoyen. comme là où je vivais réellement. Là, j'ai trouvé de la joie et de la tristesse mêlées, rien d'abstrait ou de typique, mais tout était pour soi et non pour quelque chose d'autre. Ensuite, je suppose que c'est l'infusion d'humour dans tant de choses qui a rendu tout cela précieux et convivial. Je crois que j'avais un amour naturel pour le rire, nourri en moi par la façon dont mon père envisageait la vie, et certainement flatté par mon intimité avec Cervantès ; mais qu'il en soit ainsi ou non, je sais que j'ai préféré et ressenti le plus profondément ces pièces et ces passages de Shakespeare où l'alliance du tragique et du comique était la plus étroite. Peut-être qu'à une époque où la conscience de soi est si répandue, c'est la seule chose qui nous sauve de nous-mêmes. Je suis sûr que sans cela, je n'aurais pas été naturalisé dans ce monde des Histoires de

Shakespeare, où je passais une grande partie de mes loisirs, avec un sentiment de sa propre compagnie intime que je n'avais nulle part ailleurs. Je sentais qu'il devait, d'une manière ou d'une autre, aimer que je sois impliqué dans la plaisanterie de tout cela, et que dans son grand cœur, il avait de la place pour un garçon prêt absolument à se perdre en lui et à être comme l'une de ses créations.

C'était pour moi l'époque de ma vie où un garçon commençait à être amoureux des jolis visages qui peuplaient alors si abondamment ce monde, et je ne manquais pas de tomber amoureux des dames de ce monde de Shakespeare où je vivais également. Je ne peux pas dire si c'est parce que je les ai trouvés semblables à mes idéaux d'ici, ou si mes idéaux ont acquis du mérite en raison de leur ressemblance avec les réalités d'ici ; ils semblaient tous être d'une même beauté enchanteresse ; mais en somme, j'ai dû les préférer dans les pièces, parce qu'il y était tellement plus facile de s'en sortir avec eux ; J'y étais toujours bien mieux habillée ; J'étais beaucoup plus beau; Je n'étais ni timide ni effrayé, et j'avais ici quelques défauts de ces avantages à combattre.

Cet ami, l'imprimeur dont j'ai parlé, ne faisait qu'un avec moi dans le sens de l'humour shakespearien, et il vivait avec moi dans cette sorte d'être double que j'avais dans ces deux mondes. Nous emportions le livre dans les bois à la fin des longs après-midi d'été qui nous restaient lorsque nous avions terminé notre travail, et les dimanches radieux du printemps chaud et tardif, du début et de l'automne chaud, et nous le lisions là-bas. pentes herbeuses ou tas de feuilles mortes ; de sorte qu'une grande partie de la poésie se mêle pour moi à un sentiment ravissant de la beauté extérieure de ce beau monde naturel. Nous lisons Tour à tour , l'un reprenant l'histoire pendant que l'autre se fatigue, et tandis que nous lisions, le drame se jouait à ciel ouvert et en plein air avec des effets orchestraux tels que ceux des bois agités ou de quelque ruisseau ondulant. Elle n'a pas été interrompue lorsqu'un écureuil nous a lâché une noix du haut d'un grand caryer ; et la plainte d'une alouette des prés se prolongeait avec une douceur ininterrompue d'un monde à l'autre.

Mais je pense qu'il faut être deux pour lire en plein air. La pression des murs est voulue pour garder l'esprit en soi quand on lit seul ; sinon, il erre et se disperse dans la nature. Quand mon ami nous quittait faute de travail au bureau, ou à cause de l'impulsion capricieuse qui est si forte dans notre métier, je n'emmenais plus mon Shakespeare dans les bois et les champs, mais je me penchais sur lui principalement la nuit, dans le petit petit étroit. l'espace que j'avais pour mon bureau, sous les escaliers de la maison. Il y avait un bureau repoussé contre le mur, que le plafond irrégulier descendait pour rejoindre derrière lui, et à ma gauche se trouvait une fenêtre qui donnait une bonne lumière sur le feuillet d'écriture de mon bureau. Ce fut mon atelier pendant six ou sept ans, et ce n'était pas mal du tout ; J'en ai eu beaucoup depuis, ce n'était pas vraiment utile ; et même si je ne revivrais pas ma vie, j'accepterais volontiers que cette petite étude soit à nouveau la mienne. Mais il a complètement disparu, tout comme les visages et les voix qui l'entouraient, et que j'avais lutté pour en exclure, afin qu'aucun son ni aucune vue ne me dérangent dans la poursuite du but que je cherchais à tâtons, aveuglément. avec très peu d'espoir, mais avec une ambition intense et un courage qui ne cédait sous aucun fardeau, devant aucun obstacle. Il y a bien longtemps, des changements furent apportés à la maison basse et décousue, ce qui transforma mon petit placard en une pièce plus grande ; mais ce n'était qu'après que je l'avais quitté de nombreuses années ; et tant que je faisais partie de cette chère et simple maison, c'était mon lieu pour lire, écrire, réfléchir, rêver.

J'aurais parfois souhaité, au cours de ces dernières années, y avoir passé moins de temps, ou dans ce monde de livres sur lequel il s'ouvrait ; que j'avais vu davantage le monde réel et que j'avais appris à mieux connaître mes frères. J'aurais pu ainsi amasser davantage de matériel pour l'utiliser ultérieurement dans la littérature, mais je devais me préparer à l'utiliser, et je suppose que c'était ce que je faisais, à ma manière et selon la lumière dont je disposais. J'ai souvent travaillé à tort et à la folie ; mais j'ai certainement travaillé dur, et je suppose qu'aucun travail n'est gaspillé. J'espère qu'une certaine force, je l'espère, me venait de mes erreurs, et bien que j'aie parcouru un terrain que je n'aurais pas eu besoin de parcourir, si on ne m'avait pas laissé tant de temps pour trouver le chemin seul, je ne restais pas immobile, et certaines des choses que je souhaitais alors faire, je les ai faites. Cela ne me dérange pas de reconnaître que chez d'autres, j'ai échoué. Par exemple, je n'ai jamais surpassé Shakespeare en tant que poète, même si j'avais autrefois fermement eu l'intention de le faire ; mais ensuite, il faut se rappeler que très peu d'autres personnes l'ont surpassé, et que cela n'aurait pas été facile.

XIV. IK MERVEILLE

Mon ardeur pour Shakespeare a dû être à son comble quand j'avais entre seize et dix-sept ans, car j'imagine que lorsque j'ai commencé à formuler mon admiration et à essayer de mesurer sa grandeur en phrases, j'étais moins simplement passionné qu'à certaines époques antérieures. temps. Quoi qu'il en soit, je suis sûr que je n'ai proclamé son importance planétaire dans la création qu'à l'âge de dix-neuf ans au moins. Mais même à un âge plus précoce, je n'adorais plus dans un seul sanctuaire ; il y avait beaucoup de dieux dans le temple de mon idolâtrie, et je m'agenouillai devant eux tous dans une dévotion qui, si elle n'était pas d'une seule qualité, était certainement impartiale. Pendant que je lisais, pensais et vivais Shakespeare avec une telle intensité que je ne vois pas comment il aurait pu y avoir de la place dans ma conscience pour autre chose, il semblait y avoir eu là une demi-douzaine d'autres divinités, grandes et petites, qui J'ai actuellement quelques difficultés à faire la distinction. J'ai gardé Irving, Goldsmith et Cervantes sur leurs anciens autels, mais j'en ai ajouté de nouveaux, et je les ai traduits du monde littéraire contemporain aussi souvent que du passé. Je suis assez heureux que parmi eux se trouvait le doux et aimable Ik Marvel, dont les « Rêveries d'un célibataire » et dont la « Vie de rêve » les jeunes de l'époque lisaient avec un tendre ravissement qui ne serait pas tout à fait surprenant, j'ose dire. , aux jeunes de cela. Les livres ont survécu à la durée d'immortalité fixée par nos amusantes lois sur le droit d'auteur, et semblent maintenant, alors qu'un éditeur pirate peut piller leur auteur, avoir une nouvelle vie devant eux. Peut-être est-ce l'ordre de la Providence, afin que ceux qui n'y ont aucun droit puissent en profiter, dans ce mépris divin d'un tel profit que la Providence montre si souvent.

Je ne comprends pas exactement comment j'ai connu ces livres, mais je suppose que c'est grâce à la critique contemporaine que je commençais alors à lire, partout où je pouvais la trouver, dans les magazines et les journaux ; et je ne pouvais pas dire pourquoi je pensais que ce serait très ' comme il il faut les aimer. Sans doute le beau monde littéraire, qui côtoie toujours l'autre beau monde et qui en rapporte un peu de sa poudre et de son parfum, commençait alors à moi, et je voulais en faire partie et aimer les choses qu'il contenait. aimé; Je n'ai pas tellement hâte de le faire maintenant. Mais si cela est vrai, j'ai trouvé ces livres meilleurs que ceux de leurs amis, et j'ai ressenti bien des chagrins à cause de leur pathos, beaucoup de véritables lueurs d'intention à cause de leur haute importance, beaucoup de tendres suffusions à cause de leurs sentiments. J'ose dire que je devrais trouver leur pose désormais un peu démodée. Je crois que c'était plutôt plein de soupirs, de haussements d'épaules et de sursauts, exprimés par des tirets, des astérisques et des exclamations, mais je suis sûr que le sentiment était le genre authentique et viril qui est de tous les temps et toujours à la mode. Quoi qu'il en soit, cela suffisait à gagner mon cœur et à m'identifier à ce qu'il y avait de plus romantique et de plus pathétique. J'ai lu « La vie de rêve » en premier – bien que les « Rêveries d'un célibataire » aient été écrites en premier, et je crois qu'il est considéré comme le meilleur livre – et « La vie de rêve » reste la première dans mes affections. Je n'ai maintenant aucune idée de ce dont il s'agissait, mais j'adore son souvenir. Le livre est particulièrement associé dans mon esprit à un jour doré de l' été indien, où je l'ai emporté avec moi dans les bois et me suis abandonné à un tourbillon d'émotions sur sa page. Je me trouvais sous un érable cramoisi, et je me souviens comment la lumière le traversait et rougissait l'empreinte avec les gueules du feuillage. Mon ami était à ce moment-là absent pour l'une de ses nombreuses absences dans le Nord-Ouest, et j'étais tout à fait seul dans la mélancolie absurde et hors de propos avec laquelle je me lisais moi-même et ma situation dans le livre. J'ai recommencé à les relire en temps voulu, revêtus des airs et des grâces littéraires que j'y admirais, et j'ai longtemps imité Ik Marvel dans les volumineuses lettres que j'écrivais à mon ami conformément à sa prière shakespearienne :

"À Milan, laisse-moi t'entendre par lettres,
   De ton succès en amour, et quelles autres nouvelles
   Betideth ici en l'absence de ton ami ;
Et moi aussi je te rendrai visite avec les miens. »

Milan était alors actuellement Sheboygan, Wisconsin, et Vérone était notre petit village ; mais ils servaient tous deux l'âme de la jeunesse aussi bien que l'auraient fait les lieux réels, et étaient aussi vraiment italiens que n'importe quoi d'autre dans la situation était vraiment ceci ou cela. Dieu sait quelle parade sentimentale criarde nous avons faite avec nos plumes empruntées, mais si la parodie s'était tenue aux mots écrits, cela aurait été assez bien. Mon malheur a été de l'imprimer lorsque j'ai commencé à écrire une histoire, à la manière d'Ik Marvel, ou plutôt de la composer en caractères au cas par cas, car c'est ce que j'ai fait ; et il n'a pas non plus été entièrement imité d' Ik Marvel, car je me suis parfois inspiré de l'art plus facile de Dickens et je me suis servi de parodies chauves de Bleak House à de nombreux endroits. Tout était très bien au début, mais je n'avais pas suffisamment prévu l'avenir pour avoir commencé avec une fin claire en tête, et à mesure que j'avançais, j'ai commencé à en douter de plus en plus. Mon matériel a cédé ; les incidents m'ont fait défaut ; les personnages vacillaient et menaçaient de périr entre mes mains. Pour couronner mon malheur, une impatience grandit parmi les lecteurs à l'égard de l'histoire, et cela me parvint un jour lorsque j'entendis un vieux fermier qui venait chercher son journal dire qu'il ne pensait pas que cette histoire valait grand-chose. Je ne le pensais pas non plus, mais c'était mortel de le mettre en mots, et je ne sais pas comment j'ai échappé à l'effet mortel de l'attaque. D'une manière ou d'une autre, j'ai réussi à mettre un terme à cette misérable chose et à la vivre lentement dans le passé. Cela semblait alors lent, mais j'ose dire que c'était assez rapide ; et il y a toujours cette consolation à murmurer à l'oreille de la vanité blessée, que la mémoire du monde est également mauvaise pour l'échec et le succès ; que s'il ne garde pas à l'esprit vos triomphes comme vous le pensez, il ne s'attardera pas non plus longtemps sur vos défaites. Mais cette expérience a été vraiment terrible. C'était comme un rêve épouvantable que l'on fait de se retrouver au combat sans le courage nécessaire pour mener l'action de manière honorable, ou sur scène sans avoir été préparé par l'étude du rôle dans lequel on doit apparaître. J'ai regardé cette histoire en survolant. car la honte et l'angoisse étaient si grandes que j'en ai souffert, et pourtant je ne pense pas qu'il ait été mal conçu, ou tenté sur des lignes erronées. S'il n'y avait pas ce qui s'est passé dans le passé, j'aimerais peut-être avoir le temps d'écrire une histoire sur le même thème à l'avenir.

XV. DIABLE

Ce que j'ai dit de Dickens me rappelle que je le lisais en même temps que je lisais Ik Marvel ; mais ce qui est curieux dans la lecture de mon enfance ultérieure, c'est que les dates ne se détachent pas nettement les unes des autres. C'est peut-être parce que mes lectures étaient beaucoup plus variées qu'auparavant, ou parce que je lisais toujours deux ou trois auteurs à la fois. Je pense que Macaulay était un peu antérieur à Dickens dans mes affections, mais quand j'en suis venu aux romans de cet artiste magistral (comme je dois l'appeler, avec mille réserves quant aux moments où il n'est ni un maître ni un artiste), je n'a pas manqué de tomber sous son charme.

C'était dans une période de grande dépression, lorsque j'ai commencé à ressentir, dans une santé fragile, l'effet d'essayer de brûler ma bougie par les deux bouts. Il m'a semblé pendant un certain temps très simple et facile de rentrer à la maison au milieu de l'après-midi, lorsque ma tâche à l'imprimerie était terminée, et de m'asseoir devant mes livres dans mon petit bureau, que je n'ai finalement quitté que lorsque la famille étaient au lit; mais ce n'était pas bien, et ce n'était pas suffisant pour que je veuille le faire. Tout ce qu'on peut dire pour défendre une telle chose, c'est que, compte tenu de la forte impulsion indigène et des conditions, cela était inévitable. Si je devais faire la chose que je voulais faire, je devais le faire de cette façon, et je voulais faire cette chose, quelle qu'elle soit, plus que je voulais faire autre chose, et encore plus que je ne voulais rien faire. . Je ne peux pas montrer que j'aimais étudier ou que je me souciais des choses que j'essayais de faire, sauf comme moyen d'accomplir d'autres choses. En ce qui concerne mon plaisir, ou mon penchant naturel, j'aurais préféré me promener dans les bois avec un fusil sur l'épaule, ou m'allonger sous un arbre, ou lire un livre qui ne me coûtait aucun effort. Mais il y avait bien plus que mon plaisir en jeu ; il y avait un espoir à réaliser, un but à atteindre, et je n'aurais pas plus pu cesser d'essayer d'atteindre ce que j'espérais et ce que je visais que j'aurais pu cesser de vivre, même si je ne savais pas très distinctement ce que c'était. Quand je repense aux efforts de cette époque, une grande partie semble être de simples tâtonnements aveugles, volontaires et errants. Je peux voir qu'en faisant tout seul, je n'étais pas vraiment une loi pour moi-même, mais seulement une sorte de force impuissante.

J'ai étudié le latin parce que je croyais que je devais lire les auteurs latins, et je suppose que j'ai appris autant de langue que la plupart des écoliers de mon âge, mais je n'ai jamais lu d'auteur latin autre que Cornelius Nepos. J'ai étudié le grec et j'en ai appris tellement que j'ai lu un chapitre du Testament et une ode d'Anacréon. Ensuite, je l'ai abandonné, non pas parce que je n'avais pas l'intention d'aller plus loin, ni même de ne pas lire toute la littérature grecque, mais parce que mon ami et moi en avons discuté et avons décidé que je pouvais continuer à étudier le grec à tout moment, mais j'ai Il valait mieux pour le moment étudier l'allemand, avec l'aide d'un Allemand venu au village. Apparemment, je poursuivais en même temps une attaque contre le français, car je me souviens très bien de mon échec à enrôler avec moi un vieux monsieur qui avait vécu longtemps en France et dont j'espérais obtenir au moins un accent. Peut-être parce qu'il savait qu'il n'avait pas d'accent digne de mention, ou peut-être parce qu'il ne voulait pas se donner la peine de le communiquer, il n'a jamais tenu aucun des engagements qu'il avait pris avec moi, et lorsque nous nous rencontrions, il abondait en excuses et en subterfuges. qu'il m'a finalement échappé, et que j'ai dû acquérir un accent italien du français à Venise sept ou huit ans plus tard. En même temps, je lisais l'espagnol, plus ou moins, mais ni à bon escient ni trop bien. Ayant eu si peu d'aide dans mes études, j'avais un orgueil stupide à refuser tout, même ceux dont j'aurais pu bénéficier sans honte dans les livres, et je ne lirais aucun auteur espagnol avec des notes anglaises. Je le voudrais dans une édition entièrement espagnole du début à la fin, et je me frayerais un chemin à travers lui seul, avec seulement l'aide que je dois emprunter à un lexique.

Je considère maintenant cela comme stupide, mais je n'ai pas plus le droit de blâmer le garçon qui était autrefois moi que de le féliciter, et je ne le ferai certainement pas. À son époque et dans son lieu, il faisait ce qu'il pouvait à sa manière ; il n'avait pas de véritable perspective de la vie, mais je ne sais pas si la jeunesse a jamais eu cela. Une certaine force lui est finalement venue de cette simple lutte, non dirigée et mal dirigée comme elle l'était souvent, et les fibres mentales qu'il possédait ont été endurcies par le stress prolongé. On pourrait bien sûr dire que le temps apparemment perdu dans ces études inutiles aurait pu être bien employé à approfondir et à élargir une connaissance de la littérature anglaise qui n'a jamais été trop grande, et je l'ai souvent dit moi-même ; mais là encore, je ne suis pas sûr que les études aient été totalement inutiles . J'ai parfois pensé qu'ils m'étaient parvenus plus d'habileté que sans eux, et j'ai cru qu'en me faisant connaître les sources de tant d'anglais, mon peu de latin et moins de grec m'avaient permis d'utiliser mon propre discours avec un sens plus subtil que celui que j'aurais dû avoir autrement.

Mais je n'insisterai en aucun cas sur ma conjecture. Ce qui est sûr, c'est que pour le moment mes études, sans méthode et sans effort, commençaient à nuire à ma santé, et que mes nerfs cédaient à toutes sortes de craintes hypocondriaques . Celles-ci finissaient par se résoudre en une seule, incessante, inexorable, à laquelle je ne pouvais échapper que par la fatigue corporelle ou par quelque intérêt absorbant qui me sortait complètement de moi-même et remplissait mon esprit morbide des images de la création d'autrui.

C'est dans cet état d'esprit que j'ai lu pour la première fois Dickens, que j'avais connu auparavant dans les lectures que j'avais écoutées. Mais maintenant, je dévorais ses livres les uns après les autres aussi vite que je pouvais les lire. Je me suis plongé du cœur de l'un dans l'autre, afin de ne me laisser aucune chance aux horreurs qui m'assaillaient. Certains d'entre eux restent associés à la tristesse et à la misère de cette époque, de sorte que lorsque je les reprends, ils en ramènent l'ombre terrible. Mais depuis, je les ai tous lus plus d'une fois, et j'ai eu le temps de penser à Dickens, de parler de Dickens et d'écrire Dickens, comme nous l'avions tous eu à l'époque du puissant magicien. J'imagine que les lecteurs qui sont venus le voir depuis qu'il a cessé de remplir le monde de son influence ne peuvent pas se douter de la grandeur de son influence. À cette époque, il colora le langage de la race anglophone et forma tous les talents mineurs en s'attaquant à la fiction. Tant que durait son glamour, il n'était pas plus possible à un jeune romancier d'échapper à l'écriture de Dickens qu'à un jeune poète d'échapper à l'écriture de Tennyson. J'admirais davantage les autres auteurs ; Je les aimais davantage, mais lorsqu'il s'agissait d'essayer de faire quelque chose dans la fiction, j'étais obligé, comme par une loi de la nature, de le faire au moins partiellement à sa manière.

Pendant qu'il me tenait si fort par son charme puissant, j'étais conscient qu'il s'agissait de temps en temps d'une magie très brutale, mais je ne pouvais pas faire valoir mon sentiment contre lui en matière de caractère et de structure. À ceux-là, j'ai cédé, impuissant ; leur grotesque même était la preuve de leur origine divine, et je m'inclinais devant les manifestations les plus grossières de son génie en ce genre comme si c'étaient des révélations dont on ne pouvait douter sans sacrilège. Mais sur certaines petites choses, comme s'il s'agissait de rituels, je me suis laissé réfléchir, et je me souviens d'avoir exprimé hardiment mon opinion sur son style, que je trouvais mauvais .

Je l'ai dit même au personnage bizarre à qui j'avais emprunté ses livres et qui aurait presque pu sortir de ses livres. Il a vécu à Dickens dans une mesure que je n'ai jamais connu personne, et mes mépris ont dû lui causer un pincement qui était vraiment un chagrin personnel. Il m'a pardonné, sans doute parce que je m'inclinais dans le culte de Dickens sans poser de questions sur tous les autres points. C'était alors un homme d'environ cinquante ans, et il était venu en Amérique de bonne heure et avait vécu dans notre village de nombreuses années, sans avoir un de ses préjugés anglais, ni cesser d'être d'une opinion contraire sur toutes les questions politiques. , religieux et social. Il n'avait pas de croyance fixe, mais il assistait au service de son église chaque fois qu'il se tenait parmi nous, et il vénérait le Livre de prière commune tout en contestant l'autorité de la Bible avec tous. Il était devenu citoyen, mais il méprisait la démocratie et n'atteignit une solide cohérence qu'en votant avec le parti pro-esclavagiste toutes les mesures favorables à l'institution qu'il considérait comme le scandale et le reproche du nom américain. D'un cœur tendre envers tous, il aimait dire des choses insensées, sauvages et cyniques, mais il ne supportait aucune méchanceté si vous le contestiez. Je ne sais rien de son origine, sauf le fait qu'il est Anglais, ni quelle avait été sa première vocation ; mais il était passé parmi nous de peintre en bâtiment à facteur d'orgues, et il avait un amour passionné pour la musique. Il a construit ses orgues à partir de zéro et en a fabriqué chaque partie de ses propres mains ; Je crois qu'ils étaient très bons, et en tout cas, les églises du pays environnant les lui ont pris aussi vite qu'il pouvait les fabriquer. Il en avait une dans sa propre maison, et c'était agréable de le voir assis devant, ses longues mains tremblantes tendues vers les touches, sa noble tête rejetée en arrière et son visage sensible relevé dans le ravissement de sa musique. C'était une créature rarement intelligente et un artiste dans toutes ses fibres ; et si l'on ne contestait pas ses multiples perversités, il était un charmant compagnon.

Après le départ de mon ami, je suis tombé amoureux de lui pour la société et nous avons fait de longues promenades ensemble, ou nous nous sommes assis sur le perron devant sa porte, ou nous nous sommes allongés devant les livres de la pharmacie et avons parlé sans cesse de littérature. Il devait avoir presque trois fois mon âge, mais cela n'avait pas d'importance ; nous nous sommes rencontrés dans l'égalité du monde idéal où il n'y a ni vieux ni jeunes, pas plus qu'il n'y a de riches ou de pauvres. Il avait beaucoup lu, mais de tout ce qu'il avait lu, il préférait Dickens et revenait toujours vers lui avec affection chaque fois que la conversation s'égarait. Il ne pouvait pas me comprendre lorsque je critiquais le style de Dickens ; et quand je louais le style de Thackeray au détriment de celui de Dickens, il ne pouvait que m'accuser d'une sorte de snobisme esthétique à mon avis. Dickens, disait-il, était pour le million, et Thackeray pour les dix mille supérieurs. Son point de vue m'a amusé à l'époque, et pourtant je ne suis pas sûr qu'il soit totalement erroné.

Il existe certainement une propriété à Thackeray qui, d'une manière ou d'une autre, flatte le lecteur en lui faisant croire qu'il est meilleur que les autres. Je ne veux pas dire que c'est pour cela que je le considérais comme un meilleur écrivain que Dickens, mais j'avoue que c'était probablement une des raisons pour lesquelles je l'aimais mieux ; si je l'appréciais autant que je le sentais, je devais être d'une porcelaine plus fine que les pots de terre qui ne se rendaient compte d'aucune différence particulière dans les diverses liqueurs qu'on y versait. Chez Dickens, la vertu de son défaut social est qu'il ne fait jamais appel au principe qui renifle, chez son lecteur. La base de son œuvre est toute l'étendue et la profondeur de l'humanité elle-même. Il est impuissant et élémentaire, mais il ne l'est pas moins grandiosement, et s'il traite des manifestations les plus simples du caractère, un caractère affecté par les intérêts et les passions plutôt que par les goûts et les préférences, il traite certainement des humeurs plus larges à travers elles. Je ne sais pas si, dans toute l'étendue de son œuvre, il nous a permis de ressentir notre supériorité sur un semblable par un accident social ou en dehors de quelque cause morale. Cela le rend très apte à lire pour un garçon, et je dois dire qu'un garçon ne peut en tirer que du bien. Sa vision du monde et de la société, bien que très peu philosophique, était instinctivement saine et raisonnable, même lorsque cela était le plus impossible.

Nous commençons tout juste à discerner que certaines conceptions de nos relations avec nos semblables, autrefois formulées en généralités qui ont rencontré une acceptation dramatique de la part du monde, puis rejetées par celui-ci comme de simple rhétorique, ont réellement en elles une vérité vitale. et que si elles ont jamais semblé fausses, c'est à cause des fausses conditions dans lesquelles nous vivons encore. L'égalité et la fraternité, tels sont les idéaux qui ont autrefois ému le monde, puis sont tombés dans le mépris et la moquerie, comme des irréalités ; mais maintenant ils s'affirment à nouveau dans nos cœurs.

Aveuglément, involontairement, à tort, comme Dickens les a souvent conseillé, ces idéaux marquent toute la tendance de sa fiction, et ce sont eux qui lui font aimer le cœur et le garderont chers longtemps après que de nombreux artisans rusés en lettres soient tombés dans l'oubli. . Je ne prétends pas avoir perçu toute la portée de ses livres, mais j'en avais conscience dans le sens le plus fin qui n'est pas celui de conscience. Pendant que je le lisais, j'étais dans un monde où le droit sortait le mieux, comme je crois qu'il le fera encore dans ce monde, et où le mérite était couronné par le succès qui, je crois, l'accompagnera encore dans notre vie quotidienne, sans entraves . convention sociale ou circonstance économique. Dans son monde idéal, auquel le monde réel devait finalement se conformer, j'habitais parmi les spectacles des choses, mais sous une Providence qui gouvernait toutes choses dans un bon but, et où ni la richesse ni la naissance ne pouvaient servir. contre la vertu ou le droit. Bien entendu, d'une certaine manière, tout cela était assez grossier et était déjà contredit par l'expérience vécue dans la petite sphère de mon propre être ; mais néanmoins c'était vrai de cette vérité qui est au fond des choses, et j'y étais heureux. Je ne pouvais manquer d'aimer l'esprit qui l'avait conçu, et mon culte pour Dickens était plus reconnaissant que celui que j'avais encore rendu à aucun écrivain. Je n'ai pas établi avec lui cette entente unilatérale que j'avais avec Cervantès et Shakespeare ; avec un contemporain, ce n'était pas possible, et en tant qu'Américain, j'ai été profondément blessé par les choses qu'il avait dites contre nous, et d'autant plus blessé que je sentais qu'elles étaient souvent si justes. Mais j'étais pour le moment entièrement à lui, et je n'aurais pas pu souhaiter écrire comme un autre.

Je ne prétends pas que le sort que j'ai subi était entièrement d'ordre moral ou social. La plupart du temps, j'étais charmé par lui parce qu'il était un conteur délicieux ; parce qu'il pouvait me faire vibrer et me donner chaud et froid ; parce qu'il pouvait me faire rire et pleurer, et arrêter mon pouls et ma respiration à volonté. Il semblait y avoir une source inépuisable d'humour et de pathétique dans son œuvre, que je trouve aujourd'hui étouffée et sèche ; Je ne peux plus rire de Pickwick ou de Sam Weller, ni pleurer la petite Nell ou Paul Dombey ; leurs plaisanteries, leurs chagrins me semblaient excités et avoir une action mécanique. Mais derrière tout cela se cache encore une forte émotion authentique, une sympathie profonde et sincère envers les pauvres, les humbles, les malheureux. Dans toute cette vaste gamme de fictions, il n'y a rien qui plaide en faveur des forts, parce qu'ils sont forts, contre les faibles, rien qui plaide en faveur des hautains contre les humbles, rien qui plaide en faveur de la richesse contre la pauvreté. L'effet de Dickens est purement démocratique, et aussi méprisable qu'il trouve notre pseudo-égalité, il était plus véritablement démocrate que n'importe quel Américain ayant déjà écrit de la fiction. Je suppose que c'est notre perception instinctive dans la région de son expression instinctive qui nous l'a rendu si cher et qui a blessé si profondément notre stupide vanité à travers notre amour lorsqu'il nous a dit la vérité sur notre horrible imposture de liberté basée sur l'esclavage. Mais en tout cas, la démocratie est présente dans son œuvre plus qu'il ne l'a peut-être su, ou qu'il n'aurait jamais su, ou qu'il n'aurait jamais reconnu dans sa propre vie. En fait, quand on lit l'histoire de sa vie et qu'on sait qu'il avait vraiment et durablement honte d'avoir supporté le cirage de chaussures quand il était enfant, et qu'il était incapable de pardonner à sa mère de l'avoir laissé si dégradé. , on s'aperçoit que lui aussi a été l'esclave des conventions et la victime de conditions que la fonction la plus élevée de sa fiction est de contribuer à détruire.

J'imagine que mes premiers goûts et dégoûts chez Dickens n'étaient pas très discriminants. J'ai aimé « David Copperfield », « Barnaby Rudge » et « Bleak House », et je les aime toujours ; mais je ne pense pas que je les ai aimés plus que Dombey & Son, Nicholas Nickleby et Pickwick Papers, que je ne peux pas lire maintenant avec aucune sorte de patience, sans parler de plaisir. J'ai aimé aussi "Martin Chuzzlewit ", et l'autre jour j'en ai relu une grande partie, et je l'ai trouvé à peu près vrai dans les passages qui faisaient référence à l'Amérique, bien qu'il soit surchargé dans les humeurs sérieuses et caricaturé dans la bande dessinée. Les Anglais sont toujours de mauvais observateurs ; ils semblent trop imbus d'eux-mêmes pour avoir des yeux et des oreilles pour un peuple étranger ; mais autant qu'un Anglais le pouvait, Dickens avait saisi l'aspect de notre vie sous certains aspects. Son rapport était maladroit et farfelu ; mais d'une manière large et lâche, c'était comme suffisant ; au moins, il avait remarqué notre provincialisme satisfait de lui-même, intolérant et hypocrite, et cela n'était pas tout à fait perdu dans son jeu de chevaux moqueur.

Je ne peux pas croire que j'aimais moins Dickens à cause de cela. Je crois que j'étais alors plus disposé à l'accepter comme un portrait fidèle que je ne devrais l'être maintenant ; et je n'en ai certainement jamais parlé avec mon ami facteur d'orgues. "Martin Chuzzlewit " était un de ses livres préférés, tout comme "Old Curiosity Shop". Sans aucun doute, une affinité imaginaire avec Tom Pinch par leur amour commun pour la musique le faisait ressembler à ce personnage le plus sentimental et le plus improbable, qu'il aurait renié et ri au mépris s'il l'avait rencontré dans la vie ; mais c'était une sympathie purement altruiste qu'il éprouvait pour la petite Nell et son grand-père. Il aimait lire les passages pathétiques des deux livres, et j'entends encore sa voix riche et vibrante s'attardant avec une émotion tremblante sur les périodes qu'il aimait. Il prenait le volume n'importe où, n'importe quand, et commençait à lire, à la librairie, à l'atelier de harnais, ou au cabinet d'avocats, cela n'avait pas d'importance dans les vastes loisirs d'un village de campagne, à cette époque. avant la guerre, quand les gens avaient tout leur temps ; et il était sûr de son public tant qu'il choisissait de lire. Une veille de Noël, en réponse à un souhait général, il lut le « Chant de Noël » au palais de justice, et les gens venaient de partout pour l'entendre.

Il était invalide et il est mort depuis longtemps, mettant fin à une vie de souffrance de la manière la plus triste. Plusieurs années avant sa mort, l'argent tomba dans les mains de sa famille et il partit avec eux dans une ville de l'Est, où il essaya en vain de s'installer chez lui. Il ne cessait de regretter le village qu'il avait quitté, avec ses anciennes camaraderies, ses usages faciles, ses visages familiers ; et il s'y échappait encore et encore, jusqu'à ce qu'enfin tout lien soit rompu, et il ne pouvait plus revenir. Il ne s'est jamais réconcilié avec le changement et, d'une certaine manière, il est réellement mort du mal du pays qui a aggravé une souillure héréditaire et l'a affaibli au point du désordre qui l'emportait. désactivé . Mes souvenirs de Dickens restent mêlés à mes souvenirs de ce génie pittoresque et très original, et bien que j'aie connu Dickens bien avant de connaître son amant, je peux à peine penser à l'un sans penser à l'autre.

XVI. WORDSWO RTH, LOWELL, CHAUCER

J'associe certains autres livres à une autre nature pathétique, dont le facteur d'orgues et moi étions friands. C'était le jeune poète qui s'occupait de la moitié des livres de la pharmacie et de la librairie du village, et qui écrivait de la poésie avec le loisir que lui procuraient ses devoirs et avec la force qu'il trouvait dans la maladie qui le rongeait. Il devait être très atteint de phtisie quand je l'ai connu pour la première fois, car je n'ai aucun souvenir d'une époque où sa voix n'était pas faible et rauque, son doux sourire blafarde et ses yeux bleus ternes par la maladie qui l'a rongé.

"Comme la cire dans le feu,
    Comme la neige au soleil. »

Les gens parlaient de lui comme étant autrefois fort et vigoureux, mais je me souviens de lui fragile et pâle, doux, patient, connaissant son destin inexorable et n'espérant ni ne cherchant à y échapper. Alors que la fin approchait, il quitta son emploi et rentra chez lui à la ferme, située à une vingtaine de kilomètres de là, où je suis allé le voir une fois dans la neige épaisse d'un hiver qui devait être son dernier. Mon cœur était tout le temps lourd, mais il essayait de faire en sorte que la visite se déroule joyeusement avec nos habituelles discussions sur les livres. Ce n'est qu'au moment de me quitter, lorsqu'il me prit la main dans son fermoir mince et froid, qu'il dit : « Je suppose que ma maladie progresse », avec la patience dont il a toujours fait preuve.

Je ne l'ai pas revu, et je ne suis pas sûr maintenant que son don ait été très distinct ou très grand. C'était plutôt léger et gracieux, je pense, et s'il avait vécu, cela n'aurait peut-être pas suffi à le faire connaître largement, mais il avait un sens réel et très délicat de la beauté en littérature, et je crois que c'était par sympathie avec son préférences qui m'ont amené à apprécier plusieurs auteurs que je ne connaissais pas ou que je n'avais pas aimé auparavant. Il ne devait pas y avoir beaucoup d'étagères de livres dans ce magasin, et je les connaissais assez bien avant de commencer à les acheter. Pour la plupart, je ne pense pas qu'il m'est venu à l'esprit qu'ils étaient là pour être vendus ; car ce pâle poète semblait indifférent à la propriété commerciale qu'ils contenaient, et seulement vouloir que je les aime.

Je n'en suis pas sûr, mais je pense que c'est grâce à un volume que j'ai trouvé chez lui que j'ai connu pour la première fois De Quincey ; il aimait la poésie du Dr Holmes ; il aimait Whittier et Longfellow, chacun représenté dans sa modeste souche par une œuvre distinctive. Il y avait plusieurs volumes égarés des écrits mineurs de Thackeray, et j'ai toujours les « Yellowplush Papers » dans le tissu rouge lisse (maintenant assez en lambeaux) de la bibliothèque populaire d'Appleton, que j'y ai achetés. Mais la plupart des livres étaient dans le fameux vieux tissu brun de Ticknor & Fields, ce qui était un gage d'excellence dans la littérature qu'il couvrait. En plus de ceux-ci, il y avait des volumes standards de poésie, publiés par Phillips & Sampson, à partir de planches usées ; pour cadeau d'anniversaire, ma mère m'a offert Wordsworth sous cette forme, et je suis heureux de penser que j'y ai lu une fois "Excursion", car je ne pense pas que je pourrais le faire maintenant, et j'ai le sentiment que c'est très je suis juste et apte à avoir lu "l'Excursion". Pour être honnête, c'était déjà une lecture très difficile à l'époque, et je ne peux vraiment pas prétendre avoir jamais aimé Wordsworth, sauf en partie, même si d'ailleurs, je ne suppose pas que quiconque l'ait jamais fait. J'ai suffisamment essayé de tout aimer en lui, car j'en avais déjà assez appris pour savoir que je devais l'aimer, et que si je ne l'aimais pas, c'était une preuve d'infériorité intellectuelle et morale de ma part. Ma première idole, Pope, avait déjà été jetée dans la poussière par Lowell, dont les conférences sur la poésie anglaise avaient récemment été données à Boston, et avaient rencontré mon acceptation ravie dans les articles de journaux que j'en avais. Ainsi, mes préoccupations étaient toutes en faveur de la Lake School, et il était à la fois dans ma volonté et dans ma conscience d'aimer Wordsworth. Si je ne l'ai pas fait, ce n'était pas ma faute, et la faute reste en grande partie la même qu'elle était au départ.

Je le ressens et le comprends plus profondément qu'alors, mais je ne pense pas avoir alors perdu le sens de beaucoup de ce que j'ai lu en lui, et je suis sûr que mes sens étaient prompts à percevoir toute sa beauté. Après avoir souffert une fois pendant l'Excursion, je ne m'en suis plus affligé, mais il y avait d'autres de ses poèmes que j'ai lus encore et encore, car je crois que c'est l'habitude de tout amateur de poésie de faire avec les morceaux qu'il est. friands de. Pourtant, je ne prétends pas que Wordsworth ait jamais été une de mes passions ; d'un autre côté, Byron non plus. Lui aussi me plaisait dans des passages et dans certains poèmes que je connaissais avant même de lire Wordsworth ; Je l'ai lu tout au long, mais je n'ai pas essayé de l'imiter, et je n'ai pas essayé d'imiter Wordsworth.

Ces conférences de Lowell ont eu une grande influence sur moi, et j'ai essayé d'aimer tout ce qu'ils me disaient, d'une manière commune aux jeunes gens lorsqu'ils commencent à lire des critiques ; leur fierté esthétique est touchée ; ils souhaitent se rendre compte qu'eux aussi peuvent ressentir les belles choses que le critique admire. C'est pour ce motif qu'ils manifestent une grande sympathie factice ; mais après tout les affections ne seront pas sollicitées, et le critique ne peut que donner un point de vue, éclairer une perspective. Quand j'ai lu les louanges de Lowell à son sujet, j'avais toute la volonté du monde de lire Spencer, et j'avais vraiment l'intention de le faire, mais je ne l'ai pas fait à ce jour, et aussi souvent que j'ai essayé, j'ai trouvé cela impossible. . Il n'en était pas de même de Chaucer, que j'aimais dès le premier mot de lui que je trouvais cité dans ces conférences et dans l' Encyclopédie de la littérature anglaise de Chambers , que j'avais empruntée à mon ami le facteur d'orgue.

En fait, je peux à juste titre classer Chaucer parmi mes passions, car je le lis avec cette sorte d'attachement personnel que j'avais pour Cervantes, qui lui ressemblait dans une certaine humanité douce et joyeuse. Mais je n'en donne pas la raison, car j'avais le même sentiment pour Pope, qui n'était comme aucun d'eux. Le baiser est en vogue, dans la littérature comme dans la vie, et on ne peut pas vraiment expliquer ses passions dans l'un ou l'autre ; ce qui est sûr, c'est que j'aimais Chaucer et je n'aimais pas Spencer ; il y avait peut-être une affinité entre le lecteur et le poète, mais s'il y en avait une, je serais incapable de la nommer, à moins que ce ne soit le goût de la réalité ; et le sens de la Terre Mère dans la vie humaine. Au moment où j'avais lu tout Chaucer que j'avais pu trouver dans les divers recueils et critiques, mon père avait été nommé commis à l'Assemblée législative et, lors d'une de ses visites à la maison, il m'a apporté les œuvres du poète de la Bibliothèque d'État, et Je me suis mis à les lire avec un glossaire. Ce n'était pas facile, mais cela m'a apporté de la force et a soulevé mon cœur avec un sentiment de noble compagnie.

Je ne prétendrai pas que j'étais insensible à la grossièreté du temps du poète, que j'ai retrouvée assez souvent dans les vers du poète, ainsi qu'à la bonté de sa nature, et mon père semble en avoir éprouvé une certaine appréhension. Il m'a répété la question du bibliothécaire, à savoir s'il pensait qu'il devait remettre une édition non expurgée entre les mains d'un garçon, et sa propre réponse selon laquelle il ne croyait pas que cela me ferait du mal. C'était une sorte d'appel à moi pour que l'événement le justifie, et je suppose qu'il ne m'avait pas donné le livre sans mûre réflexion. Il pensait probablement qu'avec mon avidité pour toutes sortes de littérature, les mauvais me seraient de toute façon connus en même temps que les bons, et je ferais mieux de savoir qu'il le savait.

Les ruisseaux d'ordures coulent à travers les âges dans la littérature, ce qui semble parfois à peine meilleur qu'un égout à ciel ouvert, et, comme je l'ai dit, je ne vois pas pourquoi le moment ne viendrait pas où les canaux nocifs et nuisibles devraient être fermés ; mais la base de l'esprit est bestiale, et jusqu'à présent, la bête en nous a insisté pour avoir pleinement son mot à dire. Le pire de la littérature obscène est qu'elle semble sanctionner l'impudicité dans la vie, et que l'inexpérience prend cet effet pour réalité : voilà le danger et le mal, et je pense qu'il ne faut pas ignorer le fait. Comparés aux poètes les plus méchants, les plus grands sont les plus propres, et Chaucer était probablement plus en sécurité que n'importe quel autre poète anglais de son temps, mais je ne vais pas prétendre qu'il n'y a pas de choses dans Chaucer qu'un garçon préférerait ne pas lire ; et dans la mesure où ces paroles doivent être prises pour un conseil, je ne veux pas qu'ils le louent sans réserve.

La question n'est en aucun cas simple ; il n'est pas facile de concevoir un moyen d'épurer la littérature du passé sans l'affaiblir, et même sans la falsifier, mais il vaut mieux admettre qu'elle est à tous égards exactement ce qu'elle est, et ne pas feindre autrement. Je ne suis pas prêt à dire que le mal qui en résulte est positif, mais vous en êtes enduit, et la pensée sale vit avec la rime sale dans l'oreille, même si elle ne corrompt pas le cœur ou ne donne pas l'impression que c'est une chose légère. pour que la langue et la plume du lecteur pèchent en nature.

J'ai trop aimé mon Chaucer, j'espère, pour ne pas tirer quelque bien de ce qu'il a de meilleur en lui ; et ma lecture de la critique m'avait appris comment et où chercher le meilleur, et à le savoir quand je l'avais trouvé. Bien sûr, j'ai commencé à le copier. C'est-à-dire que je n'ai rien tenté de semblable à ses récits en nature ; ils ont dû paraître trop désespérément éloignés dans le goût et dans le temps, mais j'ai étudié ses vers et imité une strophe que j'ai trouvée dans certaines de ses œuvres et que je n'avais pas trouvée ailleurs ; Je me réjouissais de la fraîcheur et de la douceur de sa diction, et même si je sentais que sa structure était obsolète, il y avait dans sa formulation quelque chose de plus simple et de plus chaleureux que les analogues importés qui avaient remplacé les phrases qu'il utilisait.

J'ai commencé à employer dans mon propre travail les mots archaïques qui me plaisaient le plus, ce qui était futile et assez stupide, et j'ai pris une préférence pour la trame anglo-saxonne plus simple de notre discours, qui n'était pas si mauvaise. Bien sûr, étant livré à mes propres caprices dans de telles choses, je ne pouvais pas garder une juste moyenne ; J'avais une aversion pour les dérivés latins qui était tout simplement un engouement. Un critique métis que j'avais lu m'avait fait croire que l'anglais pouvait s'écrire sans eux, et qu'il valait mieux l'écrire ainsi, et je ne sortis de cette lamentable erreur que lorsque j'eus produit avec lassitude et vexation d'esprit plusieurs morceaux de prose. entièrement composé de monosyllabes. Je soupçonne maintenant que je ne me suis pas toujours demandé si mes mots courts n'étaient pas aussi latins, par race, que n'importe lequel des mots longs que j'ai rejetés, et que je me suis seulement assuré qu'ils étaient courts.

L'ingéniosité frivole qui s'est dépensée dans cet exercice n'a heureusement pas pu tenir longtemps, et en vers elle était assez impuissante dès le début. Cependant je ne le blâmerai pas entièrement, car il m'a fait connaître, comme rien d'autre, les ressources de notre langue en ce genre ; et dans la révolte contre l'esclavage que j'avais pris sur moi, je ne suis pas allé jusqu'à me plonger dans des excès polysyllabiques très sauvages. J'aime toujours autant le petit mot s'il dit la chose que je veux dire que le grand, mais j'honore avant tout le mot qui dit la chose. En même temps, j'avoue que j'ai un préjugé contre certains mots que je ne peux pas surmonter ; la vue des uns m'offense, le son des autres, et plutôt que d'employer un de ces vocables détestés , même quand je m'aperçois qu'il transmettrait exactement mon sens, j'en chercherais un autre. Je pense que c'est une faiblesse et un inconvénient, mais je ne le nie pas.

Un auteur qui a beaucoup contribué à me préparer à cette folie chimérique était Thomas Babington Macaulay, qui enseignait la simplicité de la diction dans des phrases telles que « la longueur apprise et le son tonitruant », comme toutes celles qu'il aurait voulu que je évite, et qui a beaucoup contribué à me préparer à la folie chimérique en question. déplorait l' anglais latiniste de Johnson en termes imitant l'orondité et la ronderosité du grand docteur . Je m'étonne maintenant que je n'ai pas vu comment mon médecin évitait ses médicaments, mais je ne l'ai pas fait, et j'ai continué à me dépenser dans une entreprise aussi vaine et insensée que toutes celles que le pédantisme a conçues. Cela n'en était pas moins absurde, parce que j'y croyais si dévotement et que je m'y sacrifiais avec des peines et un travail si infinis. Mais c'était bien après avoir lu Macaulay, qui était l'une de mes grandes passions avant Dickens ou Chaucer.

XVII. MACAULAY

L'un des nombreux personnages du village était le machiniste qui avait son atelier sous notre imprimerie lorsque nous avons amené notre journal sur place pour la première fois, et qui était alors machiniste parce qu'il était fatigué d'être bien d'autres choses et n'avait pas encore travaillé. mais il a décidé ce qu'il devrait être ensuite. Il aurait pu être ce vers quoi il dirigeait son intellect agile et sa main rusée ; il avait été maître d'école et horloger, et je crois médecin amateur et avocat irrégulier ; il parlait et écrivait brillamment, et il faisait partie du groupe qui résolvait chaque soir toutes sortes de questions théoriques et pratiques à la pharmacie ; il lui était tout à fait indifférent de savoir quel parti il prenait ; ce qu'il appréciait, c'était l'exercice mental. Il était en phtisie, comme tant d'autres dans cette région, et il se carbonisait contre cela, comme il le disait ; il prenait son carbone sous forme liquide, et la dernière fois que je l'ai vu le carbone avait finalement pris le pas sur la consommation, mais il était lui-même devenu un vice assis ; cela fait de nombreuses années, et cela fait de nombreuses années qu'il est mort.

Je l'ai probablement connu plus tôt, mais je me souviens de lui pour la première fois lorsqu'il est entré de façon vivante dans mes connaissances, un jour avec un volume d'essais de Macaulay à la main. De manière moins figurée, il est venu à l'imprimerie pour dénoncer à partir du livre le plagiat infâme d'un éditeur d'une ville voisine, qui avait adapté, avec le changement de nom et un mot ou deux ici et là, des passages entiers de l'essai. sur Barère , à la dénonciation d'un frère éditeur. C'était une fraude très simple, et tout cela a été fait avec une confiance innocente dans l'ignorance populaire qui me semble maintenant un peu pathétique ; mais il était certainement très nu et méritait le châtiment public que le découvreur infligea au moyen de ce que les journalistes appellent la colonne parallèle mortelle. L'effet aurait logiquement dû être désastreux pour le plagiaire, mais il n'en était en réalité rien. Il a simplement ignoré l'exposition et les commentaires des autres journaux de la ville, et au fil du temps, il a facilement effacé ce souvenir et est devenu plus utile dans sa profession.

Mais pour le moment, cela me parut une crise terrible, et j'écoutai le ministre de la Justice lire sa communication avec un frisson qui se perdit dans l'intérêt que je ressentis tout à coup pour l'auteur pillé. Ces phrases et idées faciles et brillantes m'ont paru comme les choses les plus belles que j'aie jamais connues en littérature, et j'ai emprunté le livre et l'ai lu entièrement. Ensuite, j'ai emprunté un autre volume des essais de Macaulay, puis un autre et un autre, jusqu'à ce que je les ai tous lus. C'était comme une longue débauche, dont je sortais avec regret qu'elle finisse un jour.

J'ai essayé d'autres essayistes, d'autres critiques, que le machiniste avait dans sa bibliothèque, mais cela n'a servi à rien ; ni Sidney Smith ni Thomas Carlyle ne pouvaient me consoler ; J'ai soupiré pour plus de Macaulay et toujours plus de Macaulay. J'ai lu son Histoire d'Angleterre, et cela m'a permis de me consoler de manière mesurable, mais seulement de manière mesurable ; et je ne pouvais pas revenir sur les essais et les relire, car il me semblait que je les avais si bien absorbés que je n'y avais rien laissé sans plaisir . J'en parlais avec le machiniste, avec le facteur d'orgues et avec mon ami l'imprimeur, mais personne ne semblait ressentir en eux la fascination intense que j'éprouvais et dont je serais maintenant tout à fait incapable d'expliquer. .

Une fois de plus, j'avais un auteur pour lequel je pouvais ressentir une dévotion personnelle, dont je pouvais rêver et dont je pouvais m'adonner, et à qui je pouvais offrir mon intimité dans de nombreuses rêveries passionnées . Je ne pense pas que TB Macaulay l'aurait vraiment apprécié ; J'ose dire qu'il n'aurait pas apprécié l'amitié du genre de jeune que j'étais, mais dans les conditions, il était impuissant, et j'ai déversé mon amour sur lui sans rebuffade. Bien sûr, j'ai réformé mon style de prose, qui avait été soigneusement calqué sur celui de Goldsmith et Irving, et j'ai commencé à écrire à la manière de Macaulay, avec des phrases courtes et rapides, et avec l'utilisation prédominante de brefs mots anglo-saxons, qu'il prescrit, mais ne l'a pas pratiqué . Quant à ses notions de littérature, je les acceptais simplement avec le sentiment que toute question à leur sujet n'aurait été guère mieux qu'un blasphème.

Il a longtemps gâté mon goût pour toute autre critique ; il l'a fait paraître pâle, pauvre et faible ; et il a émoussé mon sens à des excellences plus subtiles que celles que j'ai trouvées en lui. Je pense que c'était dommage, mais c'était une chose qu'il ne fallait pas aider, comme beaucoup de choses qui arrivent à nos blessures dans la vie ; c'était tout simplement inévitable. Comment ou quand ma frénésie pour lui a commencé à s'atténuer, je ne peux pas le dire, mais elle a certainement diminué, et elle a dû diminuer rapidement, car peu de temps après, je me suis retrouvé à ressentir le charme d'esprits tout à fait différents, aussi pleinement que si le sien ne l'avait jamais asservi. moi. Je ne peux pas regretter de l'avoir autant apprécié; c'était en quelque sorte un délice généreux, et bien qu'il m'ait influencé impuissant, quelle que soit la direction qu'il pensait, je ne pense pas encore qu'il m'ait influencé d'une manière très mauvaise. C'était une intelligence vive et claire, et si sa lumière n'allait pas loin, on peut dire de lui que son pire défaut fut seulement de ne pas avoir atteint la plus belle vérité en art, en morale, en politique.

XVIII. CRITIQUES ET AVIS

Ce qui me restait de mon amour pour Macaulay, c'était l'amour de la critique, et je lis presque autant de critiques que de poésie, d'histoire et de fiction. C'est d'un médecin excentrique, autre personnage du village, que j'ai obtenu les travaux d'Edgar A. Poe ; Je ne sais pas exactement comment, mais cela a dû être lors d'un échange de livres ; il préférait la métaphysique. En tout cas, je me suis jeté sur eux avec avidité, et j'ai lu avec autant d'enthousiasme que ses poèmes les critiques amères, cruelles et étroites d'esprit qui remplissaient principalement l'un des volumes. Comme d'habitude, je les ai acceptés implicitement, et ce n'est que longtemps après que j'ai compris à quel point ils ne valaient rien.

tigre de la satire n'est pas moins immoral que la lubricité de la littérature et sa célébration du singe et de la chèvre en nous. Il est monstrueux que, pour aucune offense autre que le désir de produire quelque chose de beau et l'erreur de ses pouvoirs dans ce sens, un écrivain devienne la proie de quelque esprit féroce, et que son bourreau puisse obtenir du crédit par sa légèreté et sa facilité à déchirer. sa proie; il est choquant de penser à quel point ce fait est séduisant et dépravant pour le jeune lecteur ému d'un tel crédit et désireux d'y parvenir. Parce que j'admirais ces barbaries de Poe, j'avais envie de les irriter, de cracher sur ma lance quelque malheureuse victime, de la faire souffrir et de faire rire le lecteur. C'est aussi éloigné que possible de la critique qui éclaire et ennoblit, mais c'est encore l'idéal de la plupart des critiques, qu'ils le nient à leur guise ; et parce qu'elle est l'idéal de la plupart des critiques, la critique reste encore en retrait par rapport à tous les autres arts littéraires.

Je suis heureux de me rappeler qu'en même temps que j'exultais de ces férocités, j'avais assez d'esprit et de cœur pour trouver du plaisir dans les œuvres plus vraies et plus belles, les œuvres plus humaines d'autres écrivains, comme Hazlitt, Leigh Hunt et Lamb, qui m'a été connu à une date que je ne peux pas fixer exactement. Je crois que c'est Hazlitt que j'ai lu en premier, et il m'a aidé à clarifier et à formuler mon admiration pour Shakespeare comme personne ne l'avait encore fait ; Lamb m'a aidé aussi, ainsi que tous les dramaturges, et de tous côtés je cherchais la lumière qui me permettrait de situer dans l'histoire littéraire les auteurs que je connaissais et aimais.

Je pense que c'était bien pour moi, à cette époque, d'avoir lu les quatre grandes revues anglaises, l'Edinburgh, le Westminster, le London Quarterly et le North British, que je lis régulièrement, ainsi que le Blackwood's Magazine. Nous les avons fait paraître dans les éditions américaines en paiement de l'impression du prospectus de l'éditeur, et leur arrivée fut pour moi une excitation, une joie et une satisfaction que je ne pouvais maintenant décrire sans avoir à m'accuser d'exagération. L'amour de la littérature et l'espoir d'y faire quelque chose étaient devenus ma vie à l'exclusion de tout autre intérêt, ou du moins c'était la grande réalité, et toutes les autres choses n'étaient que des ombres. Je vivais à une époque de grands troubles politiques et je me souciais certainement beaucoup de la question de l'esclavage qui remplissait alors l'esprit des hommes ; J'ai profondément ressenti la honte et le tort de notre loi sur les esclaves fugitifs ; J'ai été ému par les nouvelles du Kansas, où la grande lutte entre les deux grands principes de notre nationalité commençait dans le sang ; mais je ne peux pas prétendre qu'aucune de ces choses n'était plus que des ondulations à la surface de mon intérêt intense et profond pour la littérature. Si je ne devais pas vivre selon cela, je devais en quelque sorte vivre pour cela.

Si j'envisageais d'exercer une autre vocation, ce n'était que comme moyen ; la littérature a toujours été la fin que j'avais en vue, immédiatement ou définitivement. Je ne voyais pas ce que c'était que de gagner ma vie, car je savais que presque tous les hommes de lettres du pays avaient d'autres professions ; ils étaient rédacteurs, avocats ou avaient des emplois publics ou privés ; ou c'étaient des hommes riches; Il n'y avait alors personne qui gagnait son pain uniquement grâce à sa plume dans la fiction, le théâtre, l'histoire, la poésie ou la critique, à une époque où les gens voulaient beaucoup moins de beurre sur leur pain qu'aujourd'hui. Mais je poursuivais mes études aveuglément, et pourtant pas tout à fait aveuglément, car, comme je l'ai dit, mes lectures avaient plus de tendance qu'auparavant, et je commençais à voir les auteurs dans leurs proportions les uns par rapport aux autres et à l'ensemble des auteurs. littérature.

Les critiques anglaises m'ont été d'une grande utilité en cela ; J'ai pris pour règle de lire chacun d'eux entièrement. Il est vrai que j'ai souvent enfreint cette règle, comme les gens ont tendance à le faire avec des règles de ce genre ; il n'était pas possible pour un garçon de parcourir de gros articles relatifs à la politique et à l'économie anglaises, mais je ne pense pas avoir laissé un article sur un sujet littéraire sans avoir été lu, et j'ai lu suffisamment de politique, en particulier chez Blackwood, pour être du même avis que les conservateurs. ; c'étaient des opinions très convenables pour un garçon, et elles n'exigeaient de moi aucun changement en ce qui concerne la question de l'esclavage.

XIX. UN ÉPISODE NON LITTERAIRE

Je suppose que je pourrais presque classer mon dévouement aux critiques anglaises parmi mes passions littéraires, mais il fut de très courte durée, ne dépassant pas un an ou deux au maximum. C'est au milieu de cela que j'ai rédigé mon premier et unique essai en dehors des lignes de la littérature, ou plutôt complètement en dehors d'elle. Après quelques discussions avec mon père, j'ai décidé, principalement par moi-même, je suppose, que je devrais quitter l'imprimerie et étudier le droit ; et il fut convenu avec le sénateur des États-Unis qui vivait dans notre village et qui était chez lui de Washington pour l'été, que je viendrais dans son bureau. Le sénateur ne devait en aucun cas se charger lui-même de mon instruction ; son neveu, qui venait tout juste de commencer à lire le droit, devait être mon condisciple, et nous devions nous soutenir mutuellement dans notre travail et nous réciter des récits jusqu'à ce que nous pensions avoir assez de droit pour comparaître devant un conseil. d'avocats et tester notre aptitude à l'admission au barreau.

C'était la coutume à cette époque et à cet endroit, comme je suppose que c'est encore le cas dans la plupart des régions du pays. Nous devions être préparés à exercer dans les tribunaux, non seulement par nos lectures, mais par une période de chicanes devant les juges de paix, que j'attendais avec impatience sans un léger recul de mon esprit timide ; mais ce qui m'a vraiment le plus troublé, et c'était toujours le grain de sable entre mes dents, c'était l'aveu de Blackstone de sa propre préférence originelle pour la littérature, et sa perception que le droit était « une maîtresse jalouse », qui ne souffrirait d'aucun rival dans ses affections. . J'étais d'accord avec lui sur le fait que je ne pouvais pas vivre la vie avec des intérêts partagés ; Je dois abandonner la littérature ou je dois abandonner le droit. Non seulement j'y ai consenti logiquement, mais je m'en suis rendu compte en essayant de continuer la lecture que j'avais aimée, et de maintenir les efforts que je faisais toujours pour écrire quelque chose en vers ou en prose, le soir, après avoir étudié le droit toute la journée. . La tension était déjà assez grande quand je n'avais que le travail à l'imprimerie ; mais maintenant je revenais de Blackstone mentalement fatigué, et je ne pouvais pas m'intéresser aux auteurs qu'au fond de mon cœur j'aimais tant mieux. Je l'ai essayé un mois, mais presque à partir du jour fatal où j'ai trouvé cette confession de Blackstone, tout mon être étant passé de « maîtresse jalouse » à de hautes muses : il me fallait non seulement retourner à la littérature, mais aussi retourner à l'imprimerie. Je ne le regrettais pas, mais j'avais fait mon changement d'attitude aux yeux du public, et je sentais que cela me mettait dans un certain désavantage auprès de mes concitoyens ; quant au sénateur, dont j'avais abandonné le poste, je le rencontrais de temps à autre dans la rue, sans chercher à le retenir, et une fois qu'il venait à l'imprimerie pour son journal, nous le rencontrâmes à un point où nous ne pouvions nous empêcher de le rencontrer. Parlant. Il m'a examiné dans mon effet général de basse mécanique et m'a demandé si j'avais renoncé à la loi ; Je n'eus qu'à lui répondre, et notre conférence prit fin. Ce fut un moment terrible pour moi, car je savais que, selon lui, j'avais choisi un chemin dans la vie qui, s'il ne menait pas à la Maison des Pauvres, n'était du moins pas un chemin vers la Maison Blanche. Je suppose maintenant qu'il pensait que j'étais simplement retourné à mon métier, et ainsi pour le temps que j'avais ; mais je n'ai aucune raison de supposer qu'il a jugé mon cas avec un esprit étroit, et j'aurais dû avoir le courage de régler l'affaire avec lui et de lui dire exactement pourquoi j'avais abandonné la justice ; nous avions quelquefois discuté des revues anglaises, car il les lisait aussi bien que moi, et il n'aurait pas dû m'être impossible d'être franc avec lui ; mais je ne pouvais encore confier à personne mon espoir secret de vivre un jour pour la littérature, alors que je n'avais déjà vécu que pour rien d'autre. Je préférais le désavantage où je devais me trouver à ses yeux et aux yeux de la plupart de mes concitoyens ; Je crois avoir reçu les applaudissements du facteur d'orgues, qui pensait que la loi ne m'appelait pas.

Dans ce village, il existait une égalité sociale qui, sinon absolue, était aussi proche que possible de l'être dans une civilisation compétitive ; et je n'aurais pas pu souffrir de l'estime générale pour avoir abandonné une profession et repris un métier ; si j'ai été méprisé, c'est parce que j'avais gâché toute chance d'avancement matériel ; J'ose dire que certaines personnes pensaient que j'étais idiot de faire ça. Personne, en effet, n'aurait pu imaginer le ravissement que cela représentait de le faire, ni quel fardeau s'est détaché de mes épaules lorsque je leur ai laissé tomber la loi. Peut-être que Sinbad ou Christian auraient pu concevoir mon soulagement extatique ; Pourtant, dans la mesure où parvenait la vision populaire, je ne revenais pas à la littérature, mais à l'imprimerie, et je sentais moi-même la différence. Mes lectures m'avaient donné des critères différents de ceux de la vie simple de notre village, et je ne me flattais pas que ma vocation eût été considérée comme une vocation d'une grande dignité sociale dans le monde où j'espérais un jour gagner ma vie. Mes convictions étaient toutes démocratiques, mais au fond, je crains d'être snob et indigne du travail honnête que j'aurais dû considérer comme un honneur de faire ; ceci, quoi que nous prétendions faussement le contraire, est le cadre de quiconque aspire au-delà du travail de ses mains. Je ne sais comment il était devenu mien, sinon par mes lectures, et je crois que c'est grâce à la dévotion que j'avais alors pour un certain auteur que je parvins à la connaissance non tant du bien et du mal, mais du commun et du superfin.

XX. THACKERAY

C'est sur le facteur d'orgues que j'ai eu pour la première fois les livres de Thackeray. Il connaissait leur qualité littéraire et leur rang dans le monde littéraire ; mais je crois qu'il fut surpris de la passion que je conçus aussitôt pour eux. Il ne pouvait pas le comprendre ; il le déplorait presque comme un défaut moral chez moi ; bien qu'il l'ait honoré comme une preuve de mon goût critique. Dans une certaine mesure, il avait raison.

Ce qui flatte la fierté mondaine d'un jeune homme, c'est ce qui le fascine chez Thackeray. Avec son air de regarder les hauteurs et de vous inviter confidentiellement à être de sa compagnie à la place du moqueur, il est irrésistible ; son aveu même qu'il est snob aussi est un baume et un réconfort pour le lecteur qui admire secrètement les splendeurs qu'il affecte de mépriser. Sa sentimentalité est également chère au cœur de la jeunesse, et le garçon ébloui par sa satire est fondu par son pathos facile. Ensuite, si le garçon a lu bon nombre d'autres livres, il est séduit par cette abondance de tournures littéraires et d'allusions chez Thackeray ; il n'y a presque pas une phrase qui ne lui rappelle qu'il est dans la société d'un grand littéraire, qui a tout lu, et qui peut se moquer ou burlesque de la vie à droite et à gauche de la littérature toujours à sa disposition. En même temps, il se sent maître et lui est profondément reconnaissant, dans son simple amour du bien, de son patronage envers les vertus modestes. Il est si agréable à la vanité et si sûr d'être du côté du maître quand il s'attaque aux vices et aux faiblesses qui sont inhérents au système de choses, et qu'on peut mépriser avec de grands applaudissements tant qu'on ne tente pas de le faire. pour défaire les conditions dont ils sont issus.

J'étais ravi de voir Thackeray attaquer les aristocrates et dénoncer leur orgueil et leur méchanceté, et je n'ai jamais remarqué qu'il ne proposait pas de supprimer l'aristocratie, qui est et doit toujours être exactement ce qu'elle a été, et qui ne peut être changée tant que ça existe du tout. Il me paraissait l'une des créatures les plus nobles qui fussent jamais lorsqu'il se moquait des impostures de la société ; et j'étais loin de voir que la société, telle que nous la connaissons, était nécessairement une imposture ; quand il se moquait du snobisme, je ne le savais pas, mais le snobisme était quelque chose qui pouvait être atteint et guéri par le ridicule. Maintenant, je sais que tant qu'il y aura des inégalités sociales, nous aurons des snobs ; nous aurons des hommes qui intimident et camionnent, et des femmes qui snobent et rampent. Je sais qu'il est vain de les mépriser ou de les fouetter pour avoir tenté de s'intégrer dans le monde, et que le monde est ce qu'il doit être à cause des motivations égoïstes qui sous-tendent notre vie économique. Mais je ne savais pas ces choses à ce moment-là, ni longtemps après, et j'ai donc donné mon cœur à Thackeray, qui semblait me promettre, dans son mépris du monde, un refuge contre la honte que j'éprouvais de mon propre manque d'y figurer. Il eut pour effet de m'emmener dans le grand monde et de me rendre complice de sa splendide indifférence pour les titres et même pour les redevances ; et je ne pouvais pas voir que, imposture pour imposture, il était involontairement la plus grande imposture de toutes.

Je pense que c'est avec " Pendennis " que j'ai commencé, et j'ai vécu dans le livre jusqu'à la toute dernière ligne, et j'ai fait mienne cette circonstance étrangère dans les moindres détails. Je n'en suis toujours pas sûr, mais c'est le plus grand livre de l'auteur, et je parle d'une connaissance approfondie de chaque ligne qu'il a écrite, à l'exception des Virginiens, que je n'ai jamais pu lire entièrement ; J'ai lu la plupart de son œuvre deux fois, et certaines vingt fois.

Après avoir lu « Pendennis », je suis allé à « Vanity Fair », que je considère aujourd'hui comme le plus pauvre des romans de Thackeray : grossier, brutal, caricatural. À peu près à la même époque, je me délectais du romantisme de « Henry Esmond », avec son sentiment pseudo-XVIIIe siècle et ses appels à un idéal surmené de politesse et d'honneur. Il a fallu longtemps avant que je sois véritablement révolté par le transfert par Esmond de sa passion de la fille à la mère dont il est successivement amoureux . Je crois que cette affaire déplaisante et absurde est considérée comme l'une des belles choses de l'histoire ; Cela ne me dérange pas d'avouer que je le pensais moi-même quand j'avais dix-sept ans ; et si j'avais pu trouver une Béatrix amoureuse et une Lady Castlewood amoureuse de moi, je n'aurais rien demandé de plus beau à la fortune. Le glamour d'Henry Esmond était d'autant plus profond que je lisais alors le "Spectator" et que j'étais constamment en compagnie d'Addison, de Steele, de Swift, de Pope et de tous les esprits de Will, qui sont présentés de manière évanescente dans le romance. Je suppose que la conservation intensément littéraire, ainsi que la qualité, de l'histoire sont ce qui a constitué pour moi sa plus grande fascination ; mais cet effet de grand monde qu'il confère au lecteur, en faisant de lui un citoyen et, s'il le veut, un citoyen leader du monde, c'est ce qui m'a aidé à faire tourner la tête.

C'est la propriété toxique de tous les écrits de Thackeray. Il est lui-même à jamais dominé dans son imagination par le monde, et même s'il vous dit que cela n'en vaut pas la peine, il vous fait sentir que cela en vaut la peine . Ce n'est pas l'honnête homme, mais l'homme d'honneur qui brille dans sa page ; ses gens doux sont fièrement doux, et il y a une touche de supériorité, un reflet de splendeur banale, dans ce qu'il a de plus humble. Il se moque de l'ordre des choses, mais il n'imagine rien de différent, même lorsqu'il montre que sa bassesse, sa cruauté et son hypocrisie sont presque inévitables et, pour la plupart de ceux qui souhaitent s'y lancer, tout à fait inévitables. Il a un bon mot pour les vertus, il patronne les grâces chrétiennes, il félicite l'humble mérite ; il a même des explosions d'indignation contre l'insolence et l'orgueil de la naissance et l'orgueil de la bourse. Mais, après tout, il est du monde, mondain, et son plus grand espoir est que vous puissiez être dans le monde et mépriser ses ambitions pendant que vous en parcourez les fins.

Je serais loin de lui reprocher tout cela. Il était de son temps ; mais depuis son époque, les hommes ont pensé au-delà de lui et ont vu la vie avec une vision qui fait paraître la sienne plutôt aveugle. Il devait être immensément en avance sur la plupart des pensées et des sentiments de son époque, car on avait alors l'habitude d'accuser son pessimisme sentimental de qualités cyniques que nous pouvions difficilement lui trouver aujourd'hui. C'était l'époque d'un individualisme intense, où vous deviez faire le bien parce que cela vous convenait, par exemple, en tant que gentleman, et vous deviez avoir un œil uniquement sur l'effet sur votre caractère, sinon sur votre réputation ; vous ne deviez pas faire une chose méchante parce que c'était mal, mais parce que c'était méchante. C'était du romantisme porté dans le domaine de la morale. Mais je m'inquiétais alors très peu de ce genre d'erreur.

J'étais sur un cheval très esthétique, dont je n'aurais pas pu facilement m'abaisser si je l'avais souhaité ; il me suffisait bien que les romans de Thackeray fussent des œuvres d'art prodigieuses, et j'acquérais du mérite, du moins auprès de moi-même, de les apprécier si vivement, de les aimer tant. Il faut que j'aie ressenti avec beaucoup moins de conscience que ma formulation du sentiment ne l'exprime, que j'étais moi-même d'une sorte plus fine pour pouvoir jouir d'une si belle sorte. Sans aucun doute, j'aurais dû être un fat d'une certaine sorte, sinon de cette sorte, et je ne m'efforcerai pas de censurer Thackeray pour l'effet qu'il a eu sur moi de cette manière. Sans doute l'effet était déjà en moi, et il ne l'a pas tant produit qu'il l'a trouvé.

En attendant, il me faisait un immense plaisir, tant par la variété de ses œuvres mineures : son « Yellowplush », les « Lettres de M. Brown », les « Aventures du major Gahagan », et le « Carnet de croquis de Paris ». », et le « Irish Sketch Book », et le « Great Hoggarty Diamond », et le « Book of Snobs », et les « English Humorists », et les « Four Georges », et toute la multitude de ses essais et de ses vers. , et des caricatures - comme dans les dessins spacieux de ses immenses romans, les « Newcomes » et « Pendennis », et « Vanity Fair », et « Henry Esmond » et « Barry Lyndon ».

Il y avait dans l'art de ce dernier quelque chose qui me semblait alors, et qui me semble encore, le plus éloigné du grand talent de l'auteur. Il est rédigé, comme une grande partie de son œuvre, sous la forme autobiographique, qui, après la forme dramatique, est la plus naturelle et qui se prête avec une telle flexibilité au propos de l'auteur. Dans « Barry Lyndon », on imagine un scélérat d'une qualité si rare qu'il ne suppose jamais un seul instant qu'il est le meilleur gentleman ; et il l'était en fait, comme le faisaient la plupart des gentlemen de son époque. Bien entendu, le tableau est surcoloré ; c'était le vice de Thackeray, ou de l'époque de Thackeray, de surcharger toutes les imitations de vie et de caractère, de sorte qu'une génération apparemment beaucoup plus lente, sinon plus ennuyeuse que la nôtre, ne puisse pas manquer le sens de l'artiste. Mais je ne pense pas qu'il soit autant surchargé que « Esmond » ; « Barry Lyndon » n'est en aucun cas aussi conscient que ce miroir de la gentlemanhood , avec ses multiples auto-réverbérations ; et pour ces raisons, j'ai tendance à penser qu'il est la création la plus parfaite de l'esprit de Thackeray.

Je n'ai pas fait la connaissance des livres de Thackeray d'un seul coup, ni même en succession rapide, et à aucun moment il n'a possédé tout l'empire de mes affections catholiques, pour ne pas dire inconstantes, au cours des années où j'ai acquis une connaissance complète. et le sentiment de sa grandeur, et brûler de l'encens dans son sanctuaire. Mais il y a eu un moment où il a tellement éclipsé et dépassé toutes les autres divinités dans mon culte que j'étais effectivement à lui seul, comme j'ai été le dévot impuissant et, pour ainsi dire, hypnotisé de trois ou quatre autres très grands. De son art coulait en moi une qualité littéraire qui teintait toute ma substance mentale et m'empêchait de dire ou de vouloir dire quoi que ce soit sans lui donner la couleur littéraire. Autrement dit, pendant qu'il dominait mon amour et mon imagination, si j'avais eu la chance d'avoir une conception simple de quoi que ce soit dans la vie, j'aurais dû essayer de donner à son expression une tournure ou une teinte qui rappellerait au lecteur des livres, même avant que cela ne lui rappelle les hommes.

Il est difficile de comprendre ce que je veux dire, mais c'est un essai, et je ne sais pas si je pourrai faire mieux à moins d'ajouter que Thackeray, de tous les écrivains que j'ai connus, est le plus complètement et profondément imprégné de littérature, de sorte que lorsqu'il parle, ce n'est pas avec des mots et du sang, mais avec des mots et de l'encre. Vous pouvez lire la plus grande partie de Dickens, comme vous pouvez lire la plus grande partie de Hawthorne ou de Tolstoï, et ne pas vous rappeler une seule fois la littérature en tant qu'entreprise ou culte, mais vous pouvez à peine lire un paragraphe, à peine une phrase, de Thackeray sans être rappelé soit par suggestion, soit par allusion pure et simple.

Je ne lui en veux pas ; il était lui-même, et il n'aurait pas pu être un autre homme sans perte ; mais je dis que le plus grand talent n'est pas celui qui respire de la bibliothèque, mais celui qui respire la rue, les champs, le ciel, la terre simple. J'ai commencé à imiter mon maître presque aussitôt que j'ai commencé à le lire ; cela devait être le cas, et j'éprouvais une plus grande fierté et une plus grande joie dans mon succès que j'aurais probablement dû en connaître dans quelque chose de vraiment créatif ; J'aurais dû m'en douter, j'aurais dû m'en méfier, parce que je n'avais rien pour le tester, aucun modèle ; mais voici devant moi le modèle le plus beau et le plus noble, et je n'avais qu'à former mes lignes dessus, et j'avais produit une œuvre d'art tout à fait plus estimable à mes yeux que toute autre chose aurait pu l'être. Je voyais le petit monde qui m'entourait à travers les verres des lunettes de mon maître, et j'en rapportais les faits, dans son ton et son attitude, avec son mépris auto-flatté, ses soupirs voyants, sa satire facile. Je n'ai pas besoin de dire que j'étais parfaitement satisfait du résultat, ni que pouvoir imiter Thackeray était pour moi une chose bien plus grande que d'avoir pu imiter la nature. En fait, j'aurais pu apprécier n'importe quelle image de la vie et du caractère que je connaissais seulement dans la mesure où elle me rappelait la vie et le caractère tels qu'ils m'étaient montrés dans ses livres.

XXI. "LAZARILLO DE TORMES"

En même temps, non seulement je lisais de nombreux livres en plus de celui de Thackeray, mais j'étudiais pour acquérir un peu de plusieurs langues du mieux que je pouvais, avec ou sans aide. Je parlais désormais assez bien l'espagnol et j'envoyais à New York chercher des auteurs dans cette langue. Je ne me souviens pas comment j'ai obtenu l'argent nécessaire pour les acheter ; certes, ce n'était pas une grosse somme ; mais il a dû m'être donné avec les sommes que nous avions tous travaillé si dur pour compenser la dette, et les intérêts de la dette (c'est toujours la mauvaise pince pour le débiteur !), que nous avions encourus pour l'achat de le journal dans lequel nous vivions et la maison dans laquelle nous vivions. Je ne dépensais pas d'argent pour aucune autre sorte de plaisir, et ainsi, je suppose, cela m'était accordé plus facilement ; mais je ne me souviens pas vraiment de l'historique de ces acquisitions sur le plan financier. En tout cas, si les sommes que j'avais exposées dans la littérature n'auraient pas pu être relativement importantes, l'excitation qui accompagnait cette dépense était prodigieuse.

Je sais que j'écrivais à MM. Roe Lockwood & Son, New York, pour mes livres espagnols, et j'ose dire que mes lettres étaient suffisamment pédantes et remplies d'une connaissance simulée de toute la littérature espagnole. Dieu sait ce qu'ils ont dû penser, s'ils pensaient quelque chose, de leur client bizarre dans cet obscur petit village de l'Ohio ; mais il n'aurait pas pu être plus bizarre avec eux qu'avec ses concitoyens du village, j'en suis sûr. J'ai hanté la poste à l'heure où les livres devaient être rendus, et quand j'en ai trouvé un dans notre coffre profond, parmi un tas de journaux d'échange et de lettres d'affaires, mon émotion a été si grande qu'elle m'a presque coupé le souffle. Je courus chez moi avec le précieux volume, et m'enfermai dans mon petit antre, où je m'y livrai à une sorte de transport. Ces livres provenaient toujours de la collection d'auteurs espagnols publiée par Baudry à Paris, et ils étaient sous une couverture de papier couleur safran, imprimés avec un catalogue parfaitement enivrant d'autres livres espagnols que j'avais l'intention de lire, chacun, un jour. Le papier et l'encre avaient une certaine odeur qui m'était plus douce que les parfums d' Arabie . L'apparence du type me prenait plus que le regard d'une jeune fille, et j'avais la fièvre du désir de connaître le cœur du livre, qui était comme une passion d'amant. Parfois, je n'atteignais pas son cœur, mais généralement je l'atteignais. Les « Origines du théâtre espagnol » de Moratin et un grand volume d'auteurs dramatiques espagnols furent les premiers livres espagnols que je demandai, mais je ne pouvais pas dire pourquoi je les avais demandés, à moins que ce ne soit parce que je voyais qu'il y avait des pièces de théâtre espagnoles. Cervantès parmi les autres. Je les ai lus et j'ai lu plusieurs comédies de Lope de Vega et de nombreux drames archaïques de l'histoire de Moratin , et j'ai vraiment eu une perspective plus juste du drame espagnol, qui a maintenant presque complètement disparu de mon esprit. Je comprends mieux pourquoi j'aurais dû lire « La domination des Arabes en Espagne » de Condé ; car c'était dans le sens de ma lecture dans Irving, qui expliquerait mon plaisir dans « l'Histoire des guerres civiles de Grenade » ; il m'a fallu un certain temps avant de réaliser que les chroniques contenues dans ce livre étaient un ensemble de romans et non de véritables archives ; et toute mon étude sur ces choses était totalement non dirigée et non éclairée. Mais je voulais être minutieux et je ne pouvais pas me contenter des grammaires espagnol-anglais que j'avais ; Je ne voulais pas m'arrêter à la grammaire officielle de l'Académie espagnole. Je l'ai envoyé à New York, et mes libraires de là-bas ont annoncé qu'ils devraient l'envoyer en Espagne pour le récupérer. J'ai vécu jusqu'à ce qu'ils me parviennent de Madrid ; et je ne comprends pas pourquoi je n'ai pas péri alors de l'orgueil et de la joie que j'y avais.

Mais après tout, je ne suis pas un érudit espagnol et je ne peux ni parler ni écrire cette langue. Je n'en ai jamais eu qu'une bonne utilisation en lecture, peut-être parce que je n'ai jamais vraiment essayé d'en faire plus. Mais j'en suis très heureux, car cela m'a été un grand plaisir, et même un certain bénéfice, et cela a éclairé bien des sens dans la littérature, qui ont toujours dû me rester obscurs. Sans parler maintenant des écrivains espagnols modernes que cela m'a permis de connaître pour ainsi dire dans leurs propres maisons, j'avais même en ce temps lointain un plaisir ravi pour un certain livre espagnol, qui valait bien toutes les peines que j'avais endurées. pour y arriver. C'était le célèbre roman picaresque Lazarillo de Tormes de Hurtado de Mendoza, dont le nom s'est tellement familiarisé avec mon affection qu'en l'écrivant, j'ai l'impression que c'était celui d'un vieil ami personnel que j'avais connu dans le passé. la chair. Je crois qu'il n'aurait pas toujours été confortable de connaître Mendoza en dehors de ses livres ; c'était plutôt une personne terrible ; il était l'un des envahisseurs espagnols de l'Italie et est connu dans l'histoire italienne sous le nom de tyran de la Sierra. Mais étant donné l'éloignement du temps et du lieu, je pouvais me réjouir en toute sécurité de son amitié, et en tant qu'auteur, je trouvais certainement en lui un compagnon des plus charmants. Les aventures de son coquin de héros, qui commença sa vie comme serviteur et complice d'un mendiant aveugle, puis s'aventura dans une carrière de friponnerie des plus divertissantes, ramena l'atmosphère de Don Quichotte et tout le paysage de cette chère merveille. - le monde de l'Espagne, où j'avais tant vécu, et je le suivais avec tout le plaisir d'antan.

Je ne sais pas si je devrais conseiller aux autres de le faire, ni que le lecteur général y trouverait son compte, mais je suis sûr que le futur auteur de fiction américaine ferait bien d'étudier les romans picaresques espagnols ; car dans leur simplicité de conception, il trouvera l'une des meilleures formes pour une histoire américaine. L'intrigue d'une texture serrée ne conviendra jamais à nos conditions, qui sont si lâches, si ouvertes et si variables ; la vie de chaque homme parmi nous est un roman sur le modèle espagnol, si c'est la vie d'un homme qui s'est élevé, comme nous l'avons presque tous fait, avec de nombreux hauts et bas. L'histoire de « Latzarillo » est grossière dans ses faits et est pour la plupart « inadaptée aux dames », comme la plupart des fictions dans toutes les langues d'avant notre époque ; mais il y a une honnête simplicité dans la narration, un humour omniprésent et un riche sentiment de caractère qui lui donne de la valeur.

Je pense qu'une grande partie de son caractère infect m'a échappé, mais j'ai certainement compris qu'il ne convenait pas de le présenter au public américain tel qu'il était, dans la traduction que j'avais actuellement l'intention de faire. J'ai raconté l'histoire aux gens et j'ai essayé de la rendre aussi amusante que moi, mais si j'ai jamais réussi, je ne peux pas le dire, même si l'idée d'une version avec des modifications a constamment grandi avec moi, jusqu'au jour où je suis allé à la ville de Cleveland avec mon père. Il y avait à cet endroit une succursale d'une maison d'édition orientale, et j'avais dû espérer que j'aurais le courage de leur proposer une traduction de Lazarillo . Mon père m'a poussé à tenter ma fortune, mais mon cœur m'a fait défaut. J'étais à moitié aveugle à cause d'un des maux de tête qui me tourmentaient à l'époque, et j'ai détourné mes yeux malades de l'enseigne « JP Jewett & Co., Publishers », qui me fascinait, et je suis rentré chez moi sans au moins avoir mon grand plaisir. -la version rêvée de Lazarillo a été refusée.

XXII. CURTIS, LONGFELLOW, SCHLEGEL

Je ne sais vraiment pas pourquoi mes lectures avaient telle ou telle direction à cette époque. Cela dépassait nécessairement la suggestion de mon père, et je pense que c'est en grande partie par accident ou par expérience que j'ai lu un livre plutôt qu'un autre. Il passa une sorte d'accord de journal avec une librairie de Cleveland, ce qui fut le moyen d'enrichir notre bibliothèque personnelle d'un bon nombre de livres, usés en magasin, mais qui n'en étaient pas pires, et nouveaux dans la seule mesure où les livres il faut que ce soit nouveau pour celui qui les aime. Parmi ceux-ci, j'ai trouvé un trésor dans les deux livres de Curtis, les « Notes du Nil d'un Howadji » et le « Howadji en Syrie ». Je le connaissais déjà par ses « Potiphar Papers » et ses rêveries toujours délicieuses qui sont depuis devenues sous le nom de « Prue et moi » ; mais ces livres de voyages en Orient ont ouvert un nouveau monde de pensée et de sentiments. Ils eurent immédiatement une grande influence sur moi. La douce richesse de leur diction ; la douceur aimable de leur humeur, leur caprice gracieux, la délicatesse de leur satire (qui était si aimable qu'elle devrait porter un autre nom), leur abondance de lumière et de couleur, et le cœur profond d'humanité qui sous-tend leur fantaisie la plus aérienne, tous unis. dans un effet différent de tous ceux que j'avais encore connus.

Comme d'habitude, je m'en trempai, et les premiers élans de mon imagination, quand je commençai ensuite à le verser, furent de leur saveur. J'ai essayé d'écrire comme ce nouveau maître ; mais que j'eusse essayé ou non, j'aurais probablement dû le faire à cause de l'amour que je lui portais. Il était l'un de mes préférés, mais aussi de tous les jeunes du village qui lisaient la littérature actuelle, de sorte que, sur ce point au moins, j'avais beaucoup de sympathie. La génération actuelle ne peut avoir aucune idée de la profonde impression produite sur l'intelligence et la conscience de la nation entière par les « Potiphar Papers », ni de la façon dont son imagination a été ravie par les croquis « Prue et moi ». succès que nous avons eus, et probablement nous qui étions si heureux lorsque l'auteur de ces belles choses s'est détourné des sentiers fleuris où il nous a conduits, pour lutter pour la liberté dans le domaine politique, aurions ressenti un trop grand sacrifice si nous pouvions j'ai rêvé que ce serait pour le reste de ma vie. Mais, dans l'état actuel des choses, nous ne pouvions que l'honorer davantage et lui donner dans nos cœurs une place qu'il partageait avec Longfellow.

Ce divin poète, je n'ai jamais cessé de le lire. Son Hiawatha était un nouveau livre rédigé pendant un de ces terribles hivers au bord du lac, mais tous les autres poèmes étaient de vieux amis pour moi à cette époque. Avec une sœur qui ne vit plus, j'avais une affection particulière pour son joli récit touchant et légèrement humoristique de « Kavanagh », qui retraçait la vie d'un village assez semblable à la nôtre, par certains aspects, pour nous faire connaître la vérité sur son récit. réalisme délicat. Nous avions l'habitude de le lire et d'en discuter ensemble avec tendresse, et je crois que certaines histoires de même nature et de la même manière sont nées de notre plaisir à le lire. Ils ne furent jamais terminés, mais il suffisait de les commencer, et il y avait peu d'écrivains, voire aucun, parmi ceux qui me plaisaient, qui échappèrent au tribut d'une imitation. Il faut commencer par là, ou du moins on l'avait fait à mon époque ; peut-être est-il désormais possible pour un jeune écrivain de commencer par être lui-même ; mais pour ma part, ce n'était pas aussi important que d'être comme quelqu'un d' autre. La littérature, pas la vie, était mon objectif, et la reproduire était ma joie et ma fierté.

J'en élargissais mes connaissances, impuissant et involontaire, et je tombais toujours par hasard sur quelque livre qui servait à ce but parmi le grand nombre de livres que je lisais simplement pour mon plaisir, sans aucun résultat réel de ce genre. Les « Leçons sur la littérature dramatique » de Schlegel me sont parvenues entre les mains peu de temps après avoir terminé mes études d'histoire du théâtre espagnol, et elles ont immédiatement rendu le sujet tout entier lumineux. Je ne peux pas me faire une idée précise du réconfort que ce livre m'a apporté par la lumière qu'il jetait sur des sentiers où j'avais vaguement parcouru auparavant, mais que je suivais maintenant toute la journée.

Bien sûr, j'ai placé ma foi dans tout ce que Schlegel disait. Je méprisais docilement les unités classiques et le théâtre français et italien qui les avaient perpétuées, et je vénérais le drame romantique qui eut son cours glorieux parmi les poètes espagnols et anglais, et qui fut couronné de la renommée du Cervantes et du Shakespeare que je semblaient me posséder, ils me possédaient si complètement. Cela me contrarie maintenant de constater que je ne me souviens plus comment le livre est tombé entre mes mains, ni qui a pu me le suggérer. Il est possible que ce soit cette artiste qui soit venue séjourner un mois chez nous pendant qu'elle faisait le portrait de ma mère. Elle revenait tout juste de ses études à New York, où elle avait rencontré des auteurs et des artistes chez les sœurs Carey, et avait même vu une fois mon adoré Curtis quelque part, sans lui avoir parlé. Son discours sur ces choses m'a simplement mis en admiration ; cela m'a élevé dans un ciel d'espoir que moi aussi je pourrais un jour rencontrer de tels esprits élus et converser avec eux face à face. Mon humeur était suffisamment stupide, mais ce n'était pas un état d'esprit dont je puisse avoir honte ; et je ne pouvais souhaiter à un garçon aucune fortune plus heureuse que de la posséder pour un temps au moins.

XXIII. TENNYSON

Je ne vois pas vraiment maintenant comment j'ai trouvé le temps ne serait-ce que d'essayer de faire les choses que j'avais plus ou moins en main. Il est parfaitement clair pour moi que je n'ai fait aucun d'entre eux bien, même si, à l'époque, j'avais l'intention de n'en faire qu'excellent. Je m'efforçais d'étudier pas moins de quatre langues, et j'en ajoutai bientôt une cinquième. Je lisais à droite et à gauche dans tous les sens, mais principalement dans celui de la poésie, de la critique et de la fiction. De temps en temps, j'attaquais hardiment une histoire, et je l'emportais par un coup de main, ou je m'asseyais devant elle pour un siège prolongé. Il y avait parfois un auteur qui me battait, que j'essayais de lire et que j'abandonnais tranquillement après une vaine lutte, mais je dois dire que ces auteurs étaient peu nombreux. J'avais une idée très juste de l'éventail de toute la littérature et des relations entre les différentes littératures, et je savais assez bien quel genre de livre j'avais choisi avant de me lancer dans la tâche de le lire. . Je lis toujours pour le plaisir, pour le plaisir de savoir quelque chose de plus ; et ce plaisir est une chose très différente de l'amusement, bien que je lise beaucoup pour le simple amusement, comme je le fais encore, et pour détourner mon esprit des pensées malheureuses ou harcelantes. Il y a très peu de choses que je considère comme une perte de temps à lire ; J'aurais probablement perdu du temps si je ne les avais pas lus, et à l'époque dont je parle, je ne pense pas avoir perdu beaucoup de temps.

Ma journée commençait vers sept heures, à l'imprimerie, où il me fallait jusqu'à midi pour accomplir ma tâche de tant de milliers d'ems, disons quatre ou cinq. Puis nous avons dîné, à la manière simple des gens qui travaillent de leurs mains pour leurs dîners. Dans l'après-midi, je suis revenu corriger l'épreuve du type que j'avais défini et j'ai distribué mon dossier pour le lendemain. A deux ou trois heures, j'étais libre, puis je rentrais chez moi et commençais mes études ; ou essayé d'écrire quelque chose; ou lire un livre. Nous avons dîné à six heures, et ensuite je me suis réjoui de la littérature, jusqu'à ce que je me couche à dix ou onze heures. Je ne peux penser à aucun moment où je n'ai pas été heureux d'aller consulter mes livres ou mes manuscrits, où ce n'était pas à la fois une noble joie et un grand privilège.

Mais tout cela se terminait, comme doit le faire un tel effort, par une sorte de rupture qu'on n'appelait pas encore prostration nerveuse. Quand je ne parvenais pas à dormir après mes études et que les maux de tête nauséabonds arrivaient plus souvent, puis des jours et des semaines de misère hypocondriaque , il était évident que je n'allais pas bien ; mais ce n'était pas le jour où je m'inquiétais de telles choses, et si l'on pensait qu'il valait mieux que je quitte mon travail et étudie pendant un certain temps, ce n'était pas avec l'idée que le cas était grave ou nécessitait une guérison ininterrompue. Je passais des journées dans les bois et les champs, à tirer ou à cueillir des baies ; Je me dépensais en travaux pénibles ; Je faisais de petits voyages ; et tout cela était très sain et très bien ; mais je n'ai pas abandonné ma lecture ni mes tentatives d'écrire. Sans doute j'étais secrètement fier d'avoir été invalidé pour une si grande cause, et d'être malade de la pâleur de la pensée, plutôt que d'une ignoble fièvre ou de la consomption dévastatrice de cette région. Si je restais éveillé, observant les pulsations sauvages de mon cœur et écoutant la montre de la mort dans le mur, j'avais certainement très peur, mais je n'étais pas sans la consolation d'être au moins une victime de la littérature. En même temps que j'avais si horriblement peur de mourir, j'aurais pu composer une épitaphe qui aurait ému les autres jusqu'aux larmes pour mon sort prématuré. Mais ma constitution n'était en réalité pas altérée, et au bout d'un certain temps, j'ai commencé à aller mieux, et peu à peu, la santé qui ne m'a jamais fait défaut sous aucune contrainte raisonnable du travail s'est établie.

J'étais au milieu de cette lutte inégale lorsque je fis pour la première fois la connaissance du poète qui s'empara aussitôt de ce qu'il y avait de mieux en moi. Je connaissais probablement Tennyson par extraits et par les critiques anglaises, mais je crois que c'est en lisant l'un des articles « Easy Chair » de Curtis que j'ai été incité à trouver le nouveau poème de « Maud », que j'ai compris à partir du « Easy Chair ». Chair" émouvait alors la jeunesse polie de l'Est. Il ne me semblait pas que je pourrais très bien vivre sans ce poème, et quand je suis allé à Cleveland avec l'espoir d'avoir le courage de proposer une traduction de Lazarillo à un éditeur, c'était dans le but précis d'obtenir "Maud". si on le trouvait dans n'importe quelle librairie là-bas.

Je ne sais pas pourquoi j'ai mis si longtemps à atteindre Tennyson, et je ne peux l'expliquer que par le fait que je lisais toujours la poésie anglaise plutôt la première que la postérieure. Certes, j'avais traversé ce que j'appellerais un paroxysme d'Alexander Smith, poète profondément inconnu de la génération actuelle, mais alors acclamé immortel par tous les critiques, et mis aux côtés de Shakespeare, qui doit être bien étonné de temps en temps. du temps dans son calme élyséen par la compagnie qui lui était imposée. J'ai lu cet immortel désormais mort et disparu avec une extase indicible ; Je m'extasyais sur lui le jour et je rêvais de lui la nuit ; J'ai appris par cœur de longs extraits de son "Life-Drama" ; et je peux encore en répéter plusieurs passages magnifiques ; J'aurais presque été prêt à ôter la vie au seul critique qui aurait eu le bon sens de se moquer de lui et qui se serait moqué de lui dans le Graham's Magazine, un périodique disparu de la vieille espèce éteinte de Philadelphie. Je ne peux pas dire comment je suis sorti de cet engouement, mais aucun des critiques qui m'y ont conduit non plus, j'ose le dire. Le monde de la lecture est très sensible à de telles folies, et tout ce que l'on peut dire, c'est qu'à un moment donné, il était temps que la critique devienne folle à cause d'un poète qui n'était ni meilleur ni pire que bien d'autres poètes de troisième ordre apothéosés auparavant et depuis. Ce qu'il y avait de bon chez Smith, c'était le feu réfléchi des poètes qui avaient en eux une chaleur vitale ; et c'est par pur hasard que je me suis baigné dans son éclat de seconde main. Je connaissais déjà assez bien l'origine du vers tennysonien dans la poésie anglaise ; Wordsworth, Keats et Shelley ; et je ne suis pas venu au culte de Tennyson comme un converti soudain, mais ma dévotion à son égard n'en était pas moins complète et exclusive. Comme tous les autres grands poètes, il exprimait d'une manière ou d'une autre les sentiments de son époque, et je suppose qu'à l'époque où il écrivait "Maud", il exprimait plus complètement ce que toute la race anglophone désirait alors vaguement exprimer que n'importe quel poète anglais qui a vécu .

Il n'est pas nécessaire de remettre en question la grandeur de Browning en reconnaissant que les deux poètes de son époque qui ont exprimé de manière prééminente leur génération étaient Tennyson et Longfellow ; bien que Browning, comme Emerson, soit peut-être maintenant plus moderne que l'un ou l'autre. Cependant, je n'avais alors rien à voir avec les affirmations comparatives de Tennyson sur mon adoration ; il n'y avait pour l'époque aucun équivalent pour lui dans toute la gamme des divinités littéraires devant lesquelles j'avais plié le genou. Pendant ce temps, non seulement le temple était vidé de toutes les autres idoles, mais j'avais également l'illusion richement flatteuse d'être son seul adorateur. Quand j'ai pris conscience de cette erreur, c'était avec la conviction qu'au moins personne d'autre ne l'avait jamais autant apprécié, ni si proche de lui, dans ce saint des saints où il accomplissait ses miracles.

Je dis de manière vulgaire , inefficace et fausse, ce qui a été pour moi une expérience très précieuse et sacrée. Ce grand poète m'a ouvert tout un monde de pensée et de sentiment, où j'étais avec lui dans cette intimité mystique qui ne peut être mise en mots. Je me suis immédiatement identifié non seulement au héros du poème, mais en partie au poète lui-même, lorsque j'ai lu « Maud » ; mais ce n'était que le premier pas vers l'état durable dans lequel sa poésie a été, dans l'ensemble, plus pour moi que celle de n'importe quel autre poète. Je n'en ai jamais lu un autre avec autant d'attention et de continuité, ni moi-même autant lu dans et hors de ses vers. Il y a eu des moments et des humeurs où j'ai eu mes questions et mes chicanes, et où il m'a semblé que le poète était moins que je ne l'avais pensé ; et certainement je ne révère pas également et sans réserve tout ce qu'il a écrit ; ce serait impossible. Mais quand je pense à tous les autres poètes que j'ai lus, il est suprême au-dessus d'eux dans sa réponse à un besoin en moi qu'il a si parfaitement satisfait.

Bien sûr, « Maud » m'a semblé le plus beau poème que j'ai lu jusqu'alors, mais je ne suis pas sûr que cette conclusion soit entièrement la mienne ; Je pense qu'il s'est formé en partie pour moi par l'admiration du poème que je sentais partout dans l'atmosphère critique, et qui m'avait déjà pénétré. Je n'ai pas aimé toutes les parties également, et certaines parties semblaient minces et pauvres (même si je ne me permettrais pas de le dire à ce moment-là), et elles le semblent toujours. Mais il y en avait des passages et des espaces entiers dont la beauté divine et parfaite m'élevait au-dessus de la vie. Je n'ai pas alors complètement compris le poème ; Je ne le comprends pas entièrement maintenant, mais cela n'a pas d'importance et n'a pas d'importance ; car il y a quelque chose dans la poésie qui atteint l'âme par d'autres voies que l'intelligence. Dans ce poème et dans d'autres de Tennyson, ainsi que chez tous les poètes que j'ai aimés, il y a des mélodies et des harmonies pleines de signification qui sont apparues longtemps après que je les ai lues pour la première fois, et que je les ai même appris par cœur ; qui restaient dans mon oreille externe et suffisaient dans la simple beauté de leur phrasé, jusqu'à ce que le moment soit venu pour eux de révéler tout leur sens. En fait, ils ne pourraient le faire que pour une connaissance ultérieure et plus grande de moi-même et des autres, car chacun doit reconnaître qui revient dans l'au-delà à un livre qu'il a lu étant jeune ; puis il le trouve deux fois plus plein de sens qu'il ne l'était au début.

Je ne pouvais pas être satisfait de "Maud" ; J'envoyai le même été à Cleveland le petit volume qui contenait alors toute l'œuvre du poète, et je m'y abandonnai si entièrement que pendant un an je ne lus aucun autre vers dont je me souvienne. Ce volume était le premier de cette jolie série bleu et or que Ticknor & Fields commença à publier en 1856, et que leur empreinte, si rarement apposée sur un livre indigne, porta aussitôt partout. Leur modeste reliure en vieille toile brune avait longtemps été un gage discret de qualité dans la littérature qu'elle couvrait, et maintenant cette splendide fleur de l'art du livre, semble-t-il, était à juste titre employée pour transmettre la douceur et la richesse de la plus belle poésie que je pensais. le monde le savait encore. Suivant une de mes anciennes modes, je le lisais continuellement, avec des retours fréquents de chaque nouveau poème à certains qui m'avaient déjà plu, et avec une gamme des plus capricieuses parmi les morceaux. « In Memoriam » était dans ce livre, ainsi que « Princesse » ; J'ai lu la « Princesse » d'un bout à l'autre, encore et encore, mais je n'ai pas lu ensuite « In Memoriam » d'un bout à l'autre, et je ne l'ai jamais lu en cours ; Je ne suis pas sûr d'en avoir encore lu chaque partie. Je ne suis pas non plus venu à la « Princesse » avant d'avoir saturé mon imagination et ma mémoire de quelques-uns des poèmes les plus courts, du « Rêve des belles femmes », des « Mangeurs de lotus », de la « Fille de Miller ». ," avec le " Morte d'Arthur », avec « Edwin Morris, or The Lake », avec « Love and Duty », et une vingtaine d'autres poèmes mineurs et plus brefs. J'ai lu le livre nuit et jour, à l'intérieur et à l'extérieur, pour moi-même et pour quiconque je pourrais faire écouter. Je n'ai pas de mots pour dire le ravissement que j'ai eu pour moi ; mais j'espère que dans un être plus articulé, si jamais c'était ma chance imméritée de rencontrer ce ' sommo' poeta ' face à face, je lui le dirai d'une manière ou d'une autre, et il comprendra à quel point il est devenu complètement la vie du garçon que j'étais alors. Je pense que cela pourrait plaire, ou du moins amuser, à ce noble fantôme, et qu'il ne lui en voudrait pas, comme il l'aurait probablement fait sur terre. Je peux bien comprendre pourquoi les hommages de ses adorateurs auraient dû l'affliger ici, et je n'aurais jamais pu être du genre à brûler de l'encens en sa présence terrestre ; mais peut-être que cela pourrait se faire désormais sans offense. J'ai recueilli et conservé avec avidité tous les mots personnels que je pouvais trouver sur lui, et j'ai vécu dans cette sorte d'intimité charmée avec lui à travers ses vers, dans laquelle je ne pouvais ni présumer ni repousser, et dont j'avais joui tour à tour avec Cervantes et Shakespeare, sans aucun reproche de leur part.

Je n'ai jamais cessé d'adorer Tennyson, même si le ravissement du nouveau converti ne pouvait pas durer. Cela doit passer comme l'éclat de n'importe quelle autre passion. Je crois que j'ai maintenant une meilleure idée de sa grandeur relative, mais je ne pouvais pas avoir une meilleure idée de sa grandeur positive qu'au début ; et je crois que c'est la connaissance essentielle d'un poète. C'est très bien de dire que l'on est plus grand que Keats, ou pas aussi grand que Wordsworth ; que l'on soit ou non du plus haut niveau de poètes comme Shakespeare, Dante et Goethe ; mais cela ne veut rien dire de valeur, et je n'y trouve jamais mon compte. Je sais qu'il n'est possible qu'au plus grand écrivain de demeurer durablement dans sa vie. Un venant éblouissant peut entrer et le posséder pendant une journée, mais il épuise bientôt son accueil et trouve bientôt la porte, à laquelle on répond par un « absent » s'il frappe à nouveau. Mais ce n'est que ce matin que j'ai lu l'un des derniers poèmes de Tennyson avec un retour de l'émotion qu'il avait éveillée en moi il y a près de quarante ans. Il n'y a pas eu d'années parmi tant d'autres où je ne l'ai pas lu et ne l'ai pas aimé avec quelque chose du premier feu, sinon de toute la première conflagration ; et chacun de ses poèmes successifs a été pour moi une joie nouvelle.

Il m'a accompagné dans le monde depuis mon village lorsque je l'ai quitté pour faire ma première aventure loin de chez moi. Mon père avait obtenu un de ces postes législatifs qui étaient parfois attribués à des rédacteurs de campagne méritants lorsque leur parti était au pouvoir, et nous avons imaginé et exécuté ensemble un projet de correspondance avec certains journaux municipaux. Nous devions fournir quotidiennement une lettre rendant compte de la procédure législative, que je devais principalement rédiger à partir des documents qu'il m'avait aidé à rassembler. Les lettres trouvèrent immédiatement grâce auprès des éditeurs qui acceptèrent de les prendre, et mon père se retira alors complètement de l'ouvrage, après leur avoir dit qui le faisait. Nous avions peur qu'ils ne se soucient pas des rapports d'un garçon de dix-neuf ans, mais ils ne semblaient pas tenir compte de mon âge et je ne me vantais pas de ma jeunesse parmi les législateurs. J'avais l'air de trois ou quatre ans de plus que moi; mais j'ai vécu un jour un moment terrible lorsqu'un sénateur paternel m'a demandé mon âge. Je m'en suis sorti d'une manière ou d'une autre sans le dire, mais ce fut un grand soulagement pour moi lorsque mon vingtième anniversaire arriva cet hiver-là, et je pus honnêtement proclamer que j'étais dans ma vingt et unième année.

J'avais désormais accès gratuitement à la Bibliothèque d'État et j'en tirais toutes sortes de livres. Mais il s'agissait en grande partie de fiction, et j'ai lu tous les romans de Bulwer, pour qui j'avais déjà une grande prédilection dans « Les Caxton » et « Mon roman ». J'en étais ébloui et je le trouvais un grand écrivain, sinon aussi grand qu'il se croyait lui-même. Il ne me restait presque rien de ces romans, avec leurs préfaces gonflées sur le poète et sa fonction, leurs criminels étincelants, leurs débauchés et coquins de toutes sortes, leur parfum patricien et leur splendeur sociale ; ils auraient pu être meilleurs ou pires ; Je n'essaierai pas de le dire. Si je peux qualifier ma fascination pour eux de passion, je dois dire que ce n'était qu'une fièvre passagère. J'ai lu aussi de nombreux volumes des admirables contes de Zschokke , que j'ai trouvés dans une traduction à la bibliothèque, et je crois que j'ai commencé en même temps à découvrir De Quincey. Je me souviens de ces auteurs parmi les nombreux qui sont passés par mon esprit presque aussi sans laisser de traces qu'ils sont passés entre mes mains. J'ai découvert quelques versions de poèmes islandais, au rythme de "Hiawatha" ; J'ai eu pendant un certain temps l'idée d'étudier l'islandais, j'ai étudié la grammaire et le lexique islandais et j'ai décidé d'apprendre la langue plus tard. A cette époque, j'avais dû commencer l'allemand, que j'ai ensuite poussé si loin, avec un auteur au moins, que je trouvais en lui un plaisir qui n'était que second après celui que j'avais chez Tennyson ; mais jusqu'à présent, Tennyson était pour moi tout en poésie. Je soupçonne que j'emportais ses poèmes avec moi une grande partie du temps ; J'ai peur d'avoir toujours eu ce Tennyson bleu et or dans ma poche ; et j'étais prêt à l'attirer sur n'importe qui, à la moindre provocation. C'est là le pire de l'ardent amateur de littérature : il veut faire partager à tout le monde son ravissement, n'est-ce pas ? il . Beaucoup de braves gens souffraient de mon admiration pour tel ou tel auteur, et bien d' autres jolies et patientes servantes. Je voulais leur lire mes passages préférés, mes poèmes préférés ; Je crains d'avoir souvent lu, alors qu'ils auraient préféré parler ; dans le cas des poèmes, j'ai fait pire, je les ai répétés. Cela semble plutôt incroyable maintenant, mais c'est assez vrai, et aussi absurde soit-il, cela atteste au moins de ma sincérité. Il me fallut longtemps avant de me guérir d'une habitude si pestilentielle ; et je ne me sens pas encore assez bien pour qu'on puisse me confier en toute sécurité un livre fascinant et un auditeur soumis. J'ose dire qu'on n'aurait pas pu me faire comprendre à cette époque que Tennyson n'était pas aussi proche du premier intérêt de la vie avec les autres qu'il l'était avec moi ; J'ai dû m'en douter souvent, mais j'étais impuissant face au souhait de leur faire sentir qu'il était aussi important pour leur prospérité et leur bien-être qu'il l'était pour le mien. J'en avais la tête pleine ; ses paroles étaient toujours derrière mes lèvres

; et quand je ne répétais pas sa phrase à moi-même ou à quelqu'un d' autre, j'essayais de formuler quelque chose qui me ressemblait le plus possible. C'était une époque de mélancolie due à une mauvaise santé et d'anxiété pour l'avenir dans lequel je devais faire ma propre place dans le monde. Le travail et le travail acharné, j'en avais toujours été habitué et je n'en avais jamais eu peur ; mais le travail ne représente en aucun cas toute l'histoire. Vous pouvez vous débrouiller sans grand chose, ou bien vous pouvez faire beaucoup et ne pas réussir. J'étais prêt à en faire tout ce que je pouvais, mais je me méfiais quelque peu de ma santé et j'avais de nombreux pressentiments que mon poète adoré m'a aidé à transfigurer en substance littéraire ou m'a permis pour le moment. oublier. Je l'imitais déjà dans les vers que j'écrivais ; il semblait désormais le seul modèle valable pour celui qui entendait être un aussi grand poète que moi. Aucun des auteurs que j'ai lus ne l'a remplacé dans ma dévotion, et je n'aurais pas pu croire qu'un autre poète me serait jamais aussi précieux. En fait, comme je l'ai dit, cela ne l'a jamais été.

XXIV. HEINE

Cet hiver s'est passé très vite et très heureusement pour moi, et à la fin de la session législative je m'étais tellement acquitté à la satisfaction d'un des journaux pour lesquels j'écrivais qu'on m'a offert une place dans cet journal. On m'a demandé d'être rédacteur en chef de la ville, comme on l'appelait à l'époque, et je devais être responsable des reportages locaux. C'était une grande tentation, et pendant un moment j'ai pensé que c'était la plus grande chance. Je suis descendu à Cincinnati pour me familiariser avec les détails de l'œuvre et m'y préparer en commençant moi-même comme reporter. Une tournée nocturne des commissariats de police avec les autres journalistes m'a convaincu que je n'étais pas fait pour ce travail, et je n'ai pas tenté plus loin. Depuis, je l'ai souvent regretté, car cela m'aurait fait connaître bien des phases de la vie que j'ai toujours ignorées, mais je ne savais pas alors que la vie était suprêmement intéressante et importante. Je croyais que la littérature, que la poésie l'était ; et c'était une humiliation et une angoisse indescriptibles de penser à moi-même arraché à mes idéaux élevés par des travaux comme ceux du journaliste. Je ne consentis même pas à faire le travail de bureau du département, et le propriétaire et éditeur, qui était plus particulièrement mon ami, essaya de me faire une autre place. Tous les départements étaient pleins, sauf celui avec lequel je n'avais rien à faire, et après quelques semaines de souffrance et de souffrance, j'ai abandonné mille dollars par an et je suis retourné pour la deuxième fois à l'imprimerie.

J'étais content de rentrer à la maison, car j'avais toujours été tourmenté par mon ancienne maladie du mal du pays. Mais autrement, la situation n'était pas joyeuse pour moi et j'ai maintenant commencé à essayer d'écrire quelque chose à publier que je pourrais vendre. J'ai envoyé des poèmes et ils sont revenus ; J'ai proposé de petites traductions de l'espagnol dont personne ne voulait. En même temps, je me mis à l'étude de l'allemand, avec lequel j'avais dû déjà m'amuser, à des moments aussi bizarres que je pouvais en trouver. Mon père en savait quelque chose, et mon ami imprimeur le lisait déjà et essayait de le parler. J'ai eu leur aide pour les premiers pas en ce qui concerne les récitations d' Ollendorff, mais j'étais impatient de lire l'allemand, ou plutôt de lire un poète allemand qui m'avait captivé dès le premier vers de lui que j'avais vu.

Ce poète était Heinrich Heine, qui m'a dominé plus longtemps que n'importe quel auteur que j'ai connu. Où et quand j'ai fait connaissance pour la première fois de son génie le plus fascinant, je ne peux en être sûr, mais je pense que c'était dans un article de la Westminster Review, où plusieurs de ses poèmes ont été donnés en anglais et en allemand ; et leur beauté et leur grâce singulières possédèrent immédiatement mon âme. J'avais la fièvre d'en savoir plus sur lui, et j'ai eu la grande chance de tomber sur un Allemand du village qui possédait ses livres. C'était un relieur, un de ces artisans instruits que les révolutions de 1848 nous envoyèrent en grand nombre. Il était hanovrien et son accent était alors, je crois, la norme, bien que le berlinois soit maintenant la prononciation acceptée. Mais je me souciais très peu de l'accent ; mon désir était d'arriver à Heine le plus rapidement possible ; et j'ai commencé à cultiver l'amitié de ce relieur de toutes les manières. J'ose dire qu'il était content du mien, car autrement il était assez seul dans le village, ou n'avait aucune compagnie en dehors de sa propre famille. Je l'ai revêtu de tout l'intérêt romanesque que je commençais à éprouver pour sa race et sa langue, qui remplaçaient désormais les Espagnols et les Espagnols dans mes affections. C'était une intelligence très vive et gaie, avec plus de sympathie pour mon amour de l'humour de notre auteur que pour mon amour de ses sentiments, et je me souviens très bien du scintillement de ses petits yeux noirs perçants, avec leur inclinaison tartare, et des tics. de son nez sensible et pointu, quand nous arrivions à quelque passage de satire mordante, ou à quelque phrase dans laquelle le Juif amer avait déballé toutes les insultes de son âme.

Nous avons commencé à lire Heine ensemble alors que mon vocabulaire devait être extrait presque mot par mot du dictionnaire, car l'anglais du relieur était pour le moins plutôt maigre et n'était pas littéraire. Quant à la grammaire, je l'apprenais aussi vite que possible à partir d' Ollendorff et d'autres sources, mais j'appréciais Heine avant de bien connaître une déclinaison ou une conjugaison. Dès que ma tâche était terminée au bureau, je rentrais chez moi aux livres et j'y travaillais jusqu'au dîner. Ensuite, mon relieur et moi nous sommes retrouvés dans la salle de rédaction de mon père, et avec quelques bougies sur la table entre nous, et notre Heine et le dictionnaire devant nous, nous avons lu jusqu'à ce que nous soyons tous les deux fatigués.

Les bougies étaient en suif et coupées sous différents angles dans les chandeliers plats lourdement chargés de plomb, que les compositeurs utilisaient autrefois. Il semble que c'était l'été lorsque nos lectures ont commencé, et elles sont associées dans ma mémoire à l'odeur des jardins voisins, qui entraient par les portes et fenêtres ouvertes, et au battement des papillons de nuit et au bourdonnement des dorbugs . qui s'est glissé avec les odeurs. Je vois la sueur sur le front brillant du relieur tandis qu'il lève les yeux d'un passage brillant, pour échanger avec moi un sourire de triomphe d'en avoir compris le sens avec les maigres installations dont nous disposions à cet effet ; il avait de belles lèvres rouges et boudeuses, et une petite moustache raide et ramifiée au-dessus d'elles, qui contribuait à son sourire. Parfois, dans la trêve que nous faisions avec le texte, il racontait une petite histoire de sa vie à la maison, ou une anecdote pertinente à notre lecture, ou encore citait un passage d'un autre auteur. Cela me semblait être l'équivalent d'un grand banquet intellectuel, et je serais heureux de pouvoir profiter autant de quelque chose maintenant.

Nous rentrâmes à pied jusqu'à sa maison, ou plutôt son appartement au-dessus d'un des magasins du village ; et comme il y montait par un escalier extérieur, nous échangâmes un joyeux « Gute Nacht ", et j'ai continué à rentrer chez moi à travers la rue sombre et silencieuse du village, qui n'était en réalité pas cette rue, mais une autre, où Heine avait été, une rue hors des Reisebilder , de sa connaissance ou de son rêve. Quand je Arrivé à la maison, il était inutile d'aller me coucher. Je m'enfermai dans mon petit bureau et relisai ce que nous avions lu, jusqu'à ce que mon cerveau en soit si plein que lorsque je montai enfin dans ma chambre, ce fut pour me coucher. à des sommeils qui n'étaient souvent qu'une simple fantasmagorie de ces images de voyage sorcières.

Le matin, j'étais réveillé à l'appel de mon père et, avant que ma mère ne prépare le petit-déjeuner, je lui avais récité ma leçon d' Ollendorff . A vrai dire, je détestais ces études de grammaire, et rien que l'amour de la littérature et l'espoir d'y parvenir n'aurait pu me faire les faire. Naturellement, je n'ai jamais eu l'occasion d'utiliser les langues qui me préoccupaient, et même si j'étais autrefois capable d'écrire un allemand littéraire passable, tout cela m'a disparu maintenant, sauf pour la lecture. Cela m'a coûté tellement de peine, cependant, de dégager le sens de la grammaire et du lexique, à mesure que j'avançais avec les auteurs que j'étais impatient de lire, que je me souviens très bien des mots dans toutes leurs formes et inflexions, et j'ai toujours ce que je pense pouvoir appeler un vocabulaire allemand équitable.

L'Allemand de Heine, quand on est dans la plaisanterie de son génie capricieux, est très simple, et dans sa poésie il est simple dès le début, de sorte qu'il était peut-être le meilleur auteur avec lequel j'aurais pu tomber si je Je voulais aller vite plutôt que loin. Je l'ai découvert plus tard, lorsque j'ai essayé d'autres auteurs allemands sans que l'éclat de son esprit ou la lueur éclatante de son imagination ne m'éclairent sur mon chemin difficile. J'aurais du mal à dire pourquoi son génie particulier a exercé pour moi une fascination si absolue dès le début, et peut-être ferais-je mieux de me contenter de dire simplement que ma libération littéraire a commencé avec presque le premier mot de lui ; car s'il m'a enchaîné à lui, il m'a libéré de tout autre esclavage. J'avais eu de temps en temps des efforts infinis, tantôt sur un modèle, tantôt sur un autre, pour me littérariser , si je puis dire un mot qui ne dit pas tout à fait la chose pour moi. Ce que je veux dire, c'est que j'avais supposé, avec le sentiment parfois que j'avais tout faux, que l'expression de la littérature devait être différente de l'expression de la vie ; que ce doit être une attitude, une pose, avec quelque chose d'état ou du moins de formalité ; que ce doit être tel style, et non tel autre ; que cela doit être comme ce genre d'action que vous savez agir quand vous le voyez et ne jamais prendre pour la réalité. Il y a un grand nombre d'enfants, apparemment adultes et largement acceptés comme des autorités critiques, qui partagent encore cette opinion de jeunesse qui est la mienne. Mais Heine m'a tout de suite montré que cet idéal de la littérature était faux ; que la vie de la littérature était aux sources du meilleur discours commun et que plus elle pouvait se rapprocher, dans la voix, l'apparence et la démarche, d'un discours gracieux, facile, pittoresque et humoristique ou passionné, mieux c'était.

Il ne communiquait pas ces vérités sans leur communiquer certaines astuces, que j'avais soin d'imiter dès que je commençais à écrire à sa manière, c'est-à-dire instantanément. Ses trucs, il les possédait pour la plupart d'occasion, et principalement de Sterne, que je ne connaissais pas assez bien alors pour en connaître l'origine. Mais dans l'essentiel, il était lui-même, et ma dernière leçon, ou l'effet final de toutes mes leçons, fut de me retrouver et d'être pour le bien ou pour le mal, quel que soit ce que j'étais réellement.

J'ai cependant continué à écrire autant que possible comme Heine pendant plusieurs années, et pendant une période beaucoup plus longue que je n'aurais dû le faire si j'étais devenu aussi passionné pour n'importe quel autre auteur.

Certaines traces de sa méthode sont restées si longtemps dans mon travail que près de dix ans après, M. Lowell m'a écrit à propos de quelque chose de moi qu'il avait lu : « Vous devez transpirer la Heine jusqu'aux os comme les hommes font du mercure », et sa gentillesse car je ne me contenterais pas de moins que l'expulsion complète du poison qui m'avait sauvé la vie en son temps. J'ose dire que c'était assez bien pour ne pas l'avoir dans mes os après qu'il ait rempli son office, mais il a fait son office.

C'est dans l'une de mes esquisses en prose que son analyse approfondie avait trouvé le Heine, mais la propriété étrangère avait été si répandue dans mes premiers travaux en vers qu'il a gardé longtemps la première contribution qu'il avait acceptée de ma part pour l'Atlantic Monthly, ou assez longtemps pour être sûr qu'il ne s'agissait pas d'une traduction de Heine. Puis il l'a imprimé, et je dois dire que le poème justifie désormais à mes yeux son doute, à tel point que je ne vois pas pourquoi Heine n'aurait pas eu le nom de l'écrire s'il l'avait voulu. Son esprit puissant devint immédiatement si entièrement sous mon « contrôle », comme disent les médiums, que mes poèmes auraient tout aussi bien pu être des communications de sa part en ce qui concerne ma propre autorité ; et elles étaient tout à fait comme les autres inspirations de l'autre monde en étant si inférieures à l'œuvre de l'esprit avant qu'il ait le malheur d'être désincarné et obligé de recourir à un médium. Mais je ne pense pas que ni Heine ni moi-même en ayons subi un préjudice durable, et je suis sûr que le bien, dans mon cas du moins, ne peut que finir avec moi. Il dégrafa mes mains, qu'on avait eu tant de peine à attacher derrière mon dos, et il me persuada toujours que, s'il peut être ingénieux et surprenant de danser enchaîné, ce n'est ni joli ni utile.

XXV. DE QUINCEY, GOETHE, LONGFELLOW

Un autre auteur qui était un de mes favoris à cette époque était De Quincey, dont j'ai sorti les livres de la Bibliothèque d'État, les uns après les autres, jusqu'à les avoir tous lus. Nous qui étions jeunes de cette époque, trouvions son style quelque chose de merveilleux, et c'est pourquoi il était en effet, surtout dans ces passages, abondant partout dans son œuvre, se rapportant à sa propre vie avec une intimité qui était toujours plus plutôt que moins. Sa rhétorique y avait, comme dans certaines de ses études historiques, une sorte de richesse lumineuse, sans perdre son aisance familière. J'appréciais vivement cet esprit subtil et le jeu de cette intelligence brillante qui illuminait tant de domaines de la littérature de sa lueur lambente ou de sa lueur rusée , et j'avais une profonde sympathie pour certaines humeurs et expériences morbides si semblables aux miennes, alors que je était heureux d'imaginer. Je n'ai pas regardé ses Douze Césars depuis deux fois plus d'années, mais je serais très surpris de le trouver autre que l'une des plus grandes monographies historiques jamais écrites. Ses critiques littéraires me semblaient non seulement délicieusement humoristiques, mais parfaitement saines et justes ; et cela me ravissait de l'avoir personnellement présent, avec la chaleur de son propre tempérament dans des régions d'abstraction froide ; Je ne suis pas sûr que cela me plaise autant maintenant. De Quincey n'était guère moins autobiographique lorsqu'il écrivait sur Kant ou sur la Fuite des Tartares Criminels que lorsqu'il écrivait sur sa propre enfance ou sur les misères de l'habitude de l'opium. Il avait le don hospitalier de vous mettre à l'aise avec lui et de faire appel à votre sens de la camaraderie avec quelque chose de la confidentialité flatteuse de Thackeray, mais avec un effet totalement différent.

En fait, bien que De Quincey ait été de temps en temps superficiellement conservateur et toujours un bon et fidèle sujet britannique, il était tellement éliminé de son époque et de son lieu par son unique amour pour les livres, qu'on pouvait être en sa compagnie tout au long du vaste voyage. gamme de ses écrits, et repartez sans une touche de snobisme ; et cela en dit long pour un écrivain anglais. C'était un grand petit être, et par sa personnalité intense, il parvenait à une sorte d'impersonnalité, de sorte qu'on aimait cet homme qui parlait toujours de lui-même, pour sa modestie et sa réticence. Il vous a laissé un sentiment d'intimité avec lui mais en aucun cas familier ; avec toutes ses fragilités et avec toutes les libertés qu'il s'est permises dans la vie de ses contemporains, il est pour moi une figure d'une dignité délicate et d'une gentillesse séduisante. Je trouve que c'est un malheur pour la génération actuelle que ses livres soient tombés dans une sorte de négligence, et je crois qu'ils en sortiront à nouveau au profit de la littérature.

Malgré Heine et Tennyson, De Quincey occupait une grande place dans mon affection, même si c'était peut-être parce qu'il n'était pas poète ; il n'y avait alors pas beaucoup de place pour autre chose que ces deux grands poètes. Je l'ai lu le premier hiver que j'ai passé à Colomb, et quand je suis descendu du village l'hiver suivant pour reprendre ma correspondance législative, je l'ai lu plus que jamais. Mais cela devait être pour moi une période très décourageante. Je venais de souffrir d'un rhumatisme articulaire aigu qui m'avait rendu la santé plus fragile qu'auparavant, et un matin, peu après mon installation dans la capitale, je me suis réveillé et j'ai trouvé la chambre qui tournait autour de moi comme une roue. Ce fut le début d'un vertige qui dura six mois, que je commençai à combattre avec divers appareils et auquel je dus enfin céder. J'ai essayé la médecine et l'exercice, mais c'était inutile, et mon père est venu me retirer mes lettres des mains pendant que je m'accordais quelques répits inutiles. J'ai fait un petit voyage jusqu'à mon ancienne maison dans le sud de l'Ohio, mais là et partout, la terre sûre et ferme ondulait et ondulait sous mes pieds, et je suis revenu à Columbus et j'ai essayé d'oublier dans mon travail le fait que j'étais pas mieux. Je n'ai pas renoncé à lire, comme d'habitude, et une partie de mes efforts cet hiver-là s'est déroulée avec Schiller, et Uhland, et même Goethe, dont « Wahlverwandschaften » , m'a à peine livré son mystère. A vrai dire, je ne pense pas avoir trouvé mon compte dans ce roman. Ce doit être une déception après Wilhelm Meister, que j'avais lu en anglais ; mais j'ose dire que ma déception était en grande partie de ma faute ; Je n'avais certainement pas le droit d'attendre chez Goethe des preuves et des exemples de sagesse aussi constants que l' imprudence de ses critiques m'avait fait espérer. Je me souviens de peu ou pas de rien de l'histoire, que j'ai essayé de trouver très mémorable, tout en continuant à la traverser. "Miles Standish" de Longfellow est sorti cet hiver-là, et je soupçonne que j'ai tiré un plaisir bien plus réel de ce seul poème de lui que j'en ai trouvé chez tous mes auteurs allemands réunis, à l'exception toujours de l'adoré Heine ; mais j'ai certainement ressenti la beauté romantique d'Uhland et j'ai eu conscience de la grandeur généreuse de Schiller.

Parmi les écrivains américains, Longfellow a été pour moi le plus passionné, tout comme les écrivains anglais, allemands, espagnols et russes. Je suis sûr que c'était en grande partie par hasard. C'est parce qu'il m'est arrivé, dans tel cadre et à tel moment, de tomber sur ses livres, que je les ai aimés plus que ceux d'autres hommes aussi grands. Je suis parfaitement conscient que Lowell et Emerson surestiment bon nombre des poètes et prophètes auxquels j'ai donné mon cœur ; Je les ai lus avec délice et avec un profond sentiment de leur grandeur, et pourtant ils n'ont pas été ma vie comme ces autres hommes, ces moindres hommes. Mais aucune des passions n'est raisonnée, et je ne cherche pas à rendre compte de mes préférences littéraires ni à les justifier.

J'ai traîné plusieurs mois de cet hiver et j'ai fait de mon mieux pour exécuter ce remarquable plan consistant à ne pas me soucier de mes vertiges. J'ai essayé de faire un demi-travail et d'aider mon père avec la correspondance, mais quand il s'est avéré que rien n'y faisait, il en est resté chargé jusqu'à la fin de la séance, et je suis rentré chez moi pour essayer ce qu'est un repos complet et prolongé. ferait pour moi. Je n'étais pas fait pour travailler à l'imprimerie, mais c'était une affaire plus simple que le travail littéraire qui me tentait toujours. Je ne pouvais m'en éloigner qu'en prenant mon fusil et en marchant jour après jour à travers les bois profonds et primitifs. La fatigue était salutaire, et j'étais si mauvais tireur qu'aucune autre créature ne souffrit de perte de mon gain, à l'exception d'un malheureux pigeon sauvage. La neige fondante a laissé les faines tombées de l'automne à découvert parmi les feuilles mortes, et la forêt était pleine de beaux oiseaux. Dans la plupart des régions du Moyen -Ouest, on ne les voit plus, sauf par deux ou trois, mais autrefois, ils ressemblaient en multitude au sable de la mer. Ce n'était pas maintenant la saison où ils cachaient jour après jour la moitié du ciel avec leur fuite ; mais ils étaient par myriades à travers les bois, où leurs seins irisés brillaient comme une poussée soudaine et intempestive de fleurs lorsqu'on les rencontrait de face. Quand ils se levèrent effrayés, c'était comme un bond de feu vers le haut et avec un rugissement de flamme. J'utilise des images qui, après tout, sont fausses par rapport à ce que je veux exprimer ; mais ils doivent servir. J'ai essayé assez honnêtement de tuer les pigeons, mais je n'ai pas eu de chance, ou trop, jusqu'à ce que j'en abats un d'un couple que j'ai trouvé séparé des autres dans la cime molle d'un arbre. La pauvre créature que j'avais devenue veuve m'a suivi jusqu'à la lisière du bois, tandis que je rentrais chez moi avec ma proie, et je ne me soucie pas de connaître plus personnellement les sentiments d'un meurtrier qu'alors. J'ai essayé de tirer sur l'oiseau, mais ma visée était si mauvaise que je n'ai pas pu lui faire cette grâce, et finalement elle s'est envolée, et je ne l'ai plus vue.

Le printemps s'ouvrait maintenant, et je pouvais rester de plus en plus avec la nature, qui était plus douce pour moi que je ne l'étais pour ses autres enfants, ou ne souhaitais l'être, et j'ai eu raison de ma maladie, qui m'a progressivement quitté pour pas plus de raison apparemment que celle qui m'est venue à l'esprit. Mais j'étais encore loin d'être bien et j'étais désespéré de mon avenir. J'ai recommencé à lire – je suppose que je n'avais jamais vraiment arrêté complètement. J'ai emprunté à mon ami relieur un roman allemand qui avait pour moi un message de joie durable. C'était " Afraja " de Théodore Mugge , une histoire de la vie en Norvège au cours du siècle dernier, et je m'en souviens comme d'une très belle histoire, avec des études honnêtes sur le caractère des Norvégiens et un tendre pathétique dans le sort des la petite héroïne lapone Gula , qui était peut-être suffisamment romancée. Le héros était un jeune Danois qui remontait parmi les fjords chercher fortune dans les pêcheries du nord ; et par un processus inévitable dans la jeunesse, je me suis identifié à lui, de sorte que j'ai aventuré, apprécié et souffert en sa personne tout au long. Il y eut un moment suprême où il naviguait à travers les fjords et se retrouvait apparemment enfermé dans les parois des montagnes sans signe ni espoir de s'échapper, mais d'une manière ou d'une autre, s'échappant toujours par un canal inimaginable et continuant sa route. La leçon pour lui était une leçon de confiance et de courage ; et moi, qui semblais alors enfermé dans un fjord entouré de montagnes sans entrée ni issue, j'ai pris la leçon chez moi et je me suis promis de ne plus me décourager. Il semble un peu étrange que ce passage d'un livre, loin d'être des plus grands, ait eu sur moi un tel effet à une époque où je n'étais plus assez jeune pour être indûment impressionné par ce que je lisais ; mais il est vrai que je ne me suis jamais retrouvé depuis dans des circonstances où il semblait impossible d'avancer ou de revenir en arrière, sans une vision de ce paysage de fjord, puis un regain de foi, que si je continuais, je devrais, d'une manière ou d'une autre, , sors de mon milieu carcéral.

XXVI. GEORGE ELIOT, HAWTHORNE, GOETHE, HEINE

J'ai retrouvé une santé suffisamment bonne pour pouvoir être utile à l'imprimerie cet automne-là, et j'y travaillais tranquillement sans aucune rupture visible dans mon environnement lorsque soudain le monde entier s'est ouvert à moi à travers ce qui semblait un mur impénétrable. Le journal républicain de la capitale avait été racheté par une nouvelle direction, et la force éditoriale avait été réorganisée sur la base de ce que nous pensions alors être une entreprise métropolitaine ; et à ma grande joie et à mon grand étonnement on me demanda de venir y prendre place. La place qui m'était offerte n'était pas une place seigneuriale ; en fait, c'était en partie du genre de celui que j'avais déjà rejeté à Cincinnati, mais j'espérais que dans la plus petite ville, ses devoirs ne seraient pas si odieux ; et au moment où je venais le remplir, un changement s'était produit dans les arrangements, de sorte que je fus chargé du département des nouvelles. Cela comprenait les notices littéraires et les critiques de livres, et je crains d'y avoir immédiatement accordé la plus grande attention.

C'était un journal du soir et j'avais presque autant de temps pour lire et étudier qu'à la maison. Mais maintenant la société commençait à réclamer une part de ces loisirs, ce que je ne lui reprochais nullement. La société était alors très charmante à Colomb, avec une ronde assez constante de danses et de dîners, et une cordialité facile, que j'ose dire que les jeunes y retrouvent encore partout. J'ai rencontré un grand nombre de gens cultivés, principalement des jeunes filles, et il y avait plusieurs maisons où nous, les jeunes gens, allions et venions presque aussi librement que si c'étaient les nôtres. Là, nous avions de la musique et des cartes, et nous parlions de livres, et la vie me paraissait extrêmement digne d'être vécue ; Si quelqu'un avait dit que ce n'était pas la meilleure planète de l'univers, je l'aurais traité de pessimiste, ou du moins je l'aurais pensé comme tel, car nous n'avions pas le mot à cette époque. Un monde dans lequel vivaient toutes ces jolies et gracieuses femmes, parmi les figures de la valse et des lanciers, discutant entre eux à propos du dernier épisode des « Nouveaux arrivants », était un monde assez bon pour moi ; J'avais seulement peur que ce soit trop bon. Il y avait, bien sûr, des filles qui ne lisaient pas, mais rares étaient celles qui professaient ouvertement leur indifférence à l'égard de la littérature, et il y avait beaucoup de prêts de livres et de nombreux débats à leur sujet. C'était le jour où « Adam Bede » était un nouveau livre, et c'est là que j'ai eu ma première connaissance de cette grande intelligence pour laquelle je n'avais certes aucune passion, mais toujours le plus profond respect, le plus grand honneur ; et qui m'a de temps en temps profondément influencé par son éthique.

Je déclare ces choses simplement et un peu brutalement ; Je pourrais facilement les affiner et étudier cet effet subtil pour le bien et pour le mal que les jeunes reçoivent toujours des fictions qu'ils lisent ; mais ce n'est ni le moment ni le lieu de cette enquête, et je souhaite seulement admettre que, pour autant que je le comprenne, la majeure partie de mon expérience éthique vient des romans. La vie et le caractère que j'y ai trouvés représentés ont toujours fait appel à la conscience du bien et du mal implantée en moi ; et cet appel n'a été plus fort chez personne que chez George Eliot. Son influence s'est poursuivie pendant de nombreuses années, et je ne peux la remettre en question aujourd'hui que par le fardeau excessif qu'elle semble imposer à l'individu et par son incapacité à tenir suffisamment compte des motivations de l'environnement social. Là, son travail me semble peu philosophique.

Il partage, quelle qu'en soit l'erreur, sa perspective avec celle de Hawthorne, dont « Marble Faun » était un nouveau livre en même temps que « Adam Bede » était nouveau, et dont les livres sont maintenant entrés dans ma vie et lui ont donné leur teinte. Il était également toujours confronté au problème du mal, et j'ai trouvé un charme plus puissant dans sa manière plus artistique de le traiter que chez George Eliot. Bien sûr, j'ai alors préféré le domaine du romantisme pur où il aimait placer son action ; mais je n'ai pas trouvé ses exemples moins véritables parce qu'ils brillaient dans

"La lumière qui n'a jamais existé sur mer ou sur terre."

J'ai lu d'abord « Marble Faun », puis « Scarlet Letter », puis « House of Seven Gables », et enfin « Blithedale Romance » ; mais j'ai toujours préféré le dernier, qui est plus proche du roman et plus réaliste que les autres. Ils m'ont tous ému avec une sorte d'effet que je n'avais jamais ressenti auparavant. Ils s'écartent si loin du temps et du lieu que, bien que la plupart d'entre eux se rapportent à notre pays et à notre époque, je ne pouvais rien imaginer d'approximatif ; et Hawthorne lui-même semblait être une agence lointaine et impalpable, plutôt qu'une personne que l'on pouvait réellement rencontrer, comme cela m'est arrivé peu de temps après. Je n'ai pas eu avec lui le genre de conversation imaginaire que j'avais avec d'autres auteurs, et je ne peux pas prétendre que j'avais pour lui l'affection qui m'attirait vers eux. Mais il me tenait par son puissant charme et, pendant un certain temps, il me domina aussi complètement que n'importe quel auteur que j'ai lu. Plus véritablement que tout autre auteur américain, il a été une passion pour moi, et dernièrement, j'ai entendu avec une sorte de pincement au cœur un jeune homme dire qu'il ne croyait pas que je devrais trouver la « Lettre écarlate » en train de lire maintenant. Je n'ai pas accepté cette possibilité, mais cette idée m'a donné un frisson de consternation. Je pensais à quel point ce livre avait été pour moi, à quel point tous les livres de Hawthorne avaient été, et me séparer de ma foi en leur perfection aurait été quelque chose que je n'aurais pas volontairement pris le risque de faire.

Bien sûr, il y a toujours quelque chose de fatalement faible dans le schéma du pur roman, qui, une fois que la couleur de l'humeur contemporaine en a disparu, le laisse en danger de tomber dans la poussière de l'allégorie ; et peut-être que cette faiblesse inhérente était ce que ressentait ce critique audacieux dans la « Lettre écarlate ». Mais aucune des fables de Hawthorne n'est sans une portée profonde et lointaine dans les recoins de la nature et de l'être. Il revint de ses recherches sans solution à la question, sans message, en fait, mais avec l'horrible avertissement : « Soyez vrai, soyez vrai », qui est le fardeau de la Lettre écarlate ; pourtant, dans tous ses livres, il y a la teinte de pensées auxquelles nous pensons seulement en présence des mystères de la vie et de la mort. Ce n'est pas sa faute si ce n'est pas de l'intelligence, si elle noue le front dans un doute plus douloureux plutôt que de façonner les lèvres à l'expression de choses qui ne pourront jamais être dites. Certaines de ses nouvelles les plus courtes m'ont semblé minces et froides lors de mes lectures ultérieures, et je n'ai jamais beaucoup aimé la "Maison aux Sept Pignons", mais l'autre jour, je lisais à nouveau le " Blithedale Romance" et je l'ai trouvé comme puissant, aussi significatif, aussi tristement et étrangement vrai que lorsqu'il a captivé mon âme pour la première fois.

À l'époque où j'essayais d'allumer mon cœur devant l'autel froid de Goethe, je lisais beaucoup de sa prose et un peu de sa poésie, mais il me faudrait encore dix ans avant d'aller fidèlement jusqu'au bout de son Faust et venez connaître sa puissance. Pour le moment, je lisais « Wilhelm Meister » et les « Wahlverwandschaften » , et je l'adorais beaucoup de seconde main par l'intermédiaire de Heine. Entre-temps, j'investissais les Allemands que je rencontrais de l'auréole de leur poésie nationale, et il y avait une dame dont j'appris avec admiration qu'elle avait autrefois connu mon Heine. Quand je suis venu la rencontrer, autour d'un verre de lait de poule doux qu'elle servait chez elle le dimanche soir, et qu'elle m'a parlé de Heine, de son apparence et de quelques petites choses qu'il a dites, j'ai ressenti une déception indescriptible. ; et si j'avais pu être franc avec moi-même, j'aurais admis que cela aurait pu être quelque chose comme ça, si j'avais moi-même rencontré le poète en chair et en os et essayé de tenir avec lui la conversation intime que j'avais dans le monde. esprit. Mais j'ai fermé mon cœur à toutes ces inquiétudes et j'ai continué à le lire bien plus que n'importe quel autre auteur allemand. J'ai continué à l'écrire aussi, tout comme j'ai continué à lire et à écrire Tennyson. Heine a toujours été un intérêt personnel pour moi, et chacun de ses mots me donnait envie de l'entendre me le dire et de me dire pourquoi il l'avait dit. Chez un poète de race, de langue et de religion étrangères, j'ai trouvé une sympathie plus grande que celle que j'ai éprouvée avec aucun autre. Peut-être que les Juifs sont encore le peuple élu, mais ils portent désormais le message de l'humanité, alors qu'autrefois ils portaient le message de la divinité. Je connaissais la laideur de la nature de Heine : sa vengeance, sa méchanceté, sa cruauté, sa trahison et son impureté ; et pourtant il était suprêmement charmant parmi les poètes que j'ai lus. La tendresse que j'éprouve encore pour lui n'est pas un amour raisonné, je dois l'avouer ; mais, comme je le demande toujours, quand l'amour a-t-il jamais été raisonné ?

Cet hiver-là, j'avais un colocataire à Columbus qui collaborait déjà à l'Atlantic Monthly et qui lisait Browning avec autant de dévouement que je lisais Heine. Je ne dirai pas qu'il lui écrivait aussi constamment, mais si cela avait été le cas, je n'aurais pas dû m'en soucier. Ce que je ne pouvais supporter sans des pointes de jalousie secrète, c'était qu'il aime Heine aussi et qu'il le lise, même si ce n'était qu'un lien de dépendance dans une version anglaise. Il avait trouvé l'origine de ces tours et astuces de Heine dans ' Tristram Shandy » et le « voyage sentimental » ; et cela m'agaçait, comme s'il m'avait montré qu'une maîtresse de mon âme avait étudié ses grâces auprès d'une autre fille, et que ce n'était pas tous ses cheveux qu'elle portait. J'ai caché ma rancœur du mieux que j'ai pu et j'ai pris la revanche qui était en mon pouvoir en insinuant qu'il pourrait avoir un point de vue très différent s'il lisait Heine dans l'original. Je me suis également empressé de tenter mon propre sort avec l'Atlantique et j'ai envoyé à M. Lowell ce poème qu'il a gardé si longtemps pour m'assurer que Heine ne l'avait pas écrit ni autorisé.

XXVII. CHARLES LECTURE

C'était l'hiver où mon ami Piatt et moi faisions ensemble notre première aventure littéraire dans ces « Poèmes de deux amis » ; qui a à peine dépassé le cercle de notre amitié ; et ce fut pour moi une époque de haute exaltation littéraire. Je parcourais les rues de cette sympathique petite ville, de jour comme de nuit, la tête si pleine de rimes et de phrases poétiques qu'il me semblait que leur bourdonnement avait pu être entendu à plusieurs mètres de distance ; et je ne vois pas encore vraiment comment j'ai réussi à garder leur musique en dehors des paragraphes de mes journaux. Je ne pouvais pas le garder hors du journal et, de temps en temps, je me mettais à faire des vers dans ses colonnes, au grand amusement du rédacteur en chef, qui me connaissait pour être un jeune homme très sensible à de telles trahisons envers lui-même. autres. Il voulait publier dans notre journal une critique burlesque des « Poèmes de deux amis », mais je ne l'ai pas toléré. Je dois admettre que c'était très, drôle, et qu'il a toujours été un ami généreux, dont les blessures auraient été aussi fidèles que celles qui auraient pu m'être infligées alors. En effet, il n'aimait guère la poésie autre que celle de Shakespeare et des « Légendes d'Ingoldsby » ; et lorsqu'un matin, un sénateur d'État entra dans le bureau avec un volume de Tennyson et commença à lire,

"Le poète est né dans un climat doré,
    Avec des étoiles dorées au-dessus ;
Doté de la haine de la haine, du maïs du mépris,
de l'amour de l'amour,"

il accrocha sa chaise et commença à s'adresser à son chef de la journée.

Il aurait peut-être été plus patient s'il avait su que ce sénateur d'État allait être le président Garfield. Mais qui pourrait savoir quoi que ce soit de l' histoire tragique qui allait si tôt suivre cet hiver 1859-1860 ? Pas moi ; du moins, j'écoutais captivé le poète et le lecteur, et il me semblait que la création et la lecture de la poésie devaient durer éternellement, et que cela devait être tout ce qu'il y avait de tout cela. Certes, j'avais mes petites appréhensions journalistiques selon lesquelles ce n'était pas tout à fait normal qu'un sénateur d'État vienne lire Tennyson à dix heures du matin, et j'ose dire que je me sentais supérieur à mon point de vue, même si Je n'ai pas pu résister au charme du vers. Je n'ai moi-même pas amené Tennyson au bureau à ce moment-là. J'ai amené Thackeray, et je me souviens qu'un jour, alors que j'avais lu environ une demi-heure dans le « Livre des snobs », le rédacteur en chef a dit franchement : « Eh bien , maintenant, il a deviné que nous en avions assez de ça. Il s'est ensuite excusé comme si c'était lui qui était responsable, et non moi, mais j'ose dire que j'étais une nuisance avec mes différentes passions littéraires et que j'ai dû fatiguer beaucoup de mes connaissances de mes auteurs préférés. J'en avais une certaine conscience, mais je ne pouvais pas m'en empêcher.

Je ne devais pas omettre de la liste de ces favoris un auteur qui commençait alors à avoir sa plus grande vogue, et qui manquait de peu d'être une très grande. Nous lisions tous ses livres enjoués, nerveux et connaisseurs, et certains d'entre nous se demandaient si nous ne devrions pas le placer au-dessus de Thackeray, Dickens et George Eliot, " Tulli quanti ', tant l'effet que Charles Reade a eu sur notre génération a été grand. C'était un homme qui se situait à la croisée des chemins entre le réalisme et le romantisme, et s'il avait été un peu plus homme, il aurait pu être le maître d'une grande école du réalisme anglais ; mais, en l'état, il se contenta d'utiliser les matériaux du réalisme et de produire l'effet du romantisme. Il voyait que la vie elle-même survalorisait infiniment tout ce qui pouvait être simulé à son sujet, mais sa richesse semblait le corrompre, et il n'avait pas la conscience claire et éthique qui obligeait George Eliot à être réaliste alors que ses préjugés artistiques étaient probablement romantiques.

Cependant, il n'y avait pas encore de raisonnement sur la question, et Charles Reade écrivait des livres d'aventures formidables et de caractère exagéré, qu'il se piquait de tirer des faits du monde qui l'entourait. Il était enivré par la découverte qu'il avait faite que la vérité était au-delà de toute invention, mais il ne savait pas quoi faire de la vérité dans l'art après l'avoir trouvée dans la vie, et à ce jour, la plupart des Anglais ne le savent pas. Nous, les jeunes, avons été facilement séduits par son erreur éclatante, et nous l'avons lu avec la même fureur qu'il a écrit. « Jamais trop tard pour réparer ; » 'Aime-moi un petit peu aime-moi longtemps;' 'Christie Johnstone;' 'Peg Woffington ;' et puis, plus tard, « L'argent liquide », « Le cloître et le foyer », « Jeu déloyal », « Mettez-vous à sa place » – combien ils signifiaient tous autrefois, ou semblaient signifier !

Le premier d'entre eux, ainsi que les autres poèmes et fictions que je lisais, signifiaient plus pour moi que les rumeurs de guerre qui remplissaient alors l'air et qui devinrent bientôt ses terribles réalités. Pour nous qui avons une vie si largement écrite dans les livres, le monde matériel est toujours une fable et l'idéal un fait. Je marchais les pieds sur terre, mais ma tête était dans les nuages, aussi légers que n'importe lequel d'entre eux. Je ne loue ni ne blâme ce fait ; mais je me sens obligé de le reconnaître, pour cette époque, et pour chaque fois de ma vie, depuis que la sorcellerie de la littérature a commencé avec moi.

Ces deux hivers heureux à Columbus, où je trouvais des opportunités et de la reconnaissance, ont été pour moi l' apogée de la vie. Il n'y a pas eu de temps comme eux depuis, même s'il y a eu beaucoup de temps souriants et prospères ; car j'étais alors dans l'épanouissement de ma jeunesse, et ce que je n'avais pas, je pouvais l'espérer sans raison, car j'avais tellement de ce que j'avais le plus désiré. Ces temps ont passé, et il y en a eu d'autres, de longues années de suspension, d'attente et de défaite, dont je pensais qu'elles ne finiraient jamais, mais elles sont également passées.

J'ai obtenu ma nomination de consul à Venise, et je suis rentré chez moi pour attendre mon passeport et passer les derniers jours, si pleins de troubles civiques, avant de partir pour mon poste. Si j'espérais servir mon pays là-bas et balayer les croiseurs confédérés de l'Adriatique, je crains que mon intention première n'était d'ajouter à sa littérature et à mon propre crédit. J'avais l'intention, tout en surveillant les corsaires, d'écrire des poèmes. concernant la vie américaine qui devrait éclipser tout ce qui a encore été fait dans ce genre, et en attendant je lis avec voracité et perpétuellement, pour faire passer rapidement les jours que j'aurais été si heureux de voir s'attarder. Ce mois-ci, j'ai dévoré tous les « romans de Waverley », mais j'ai dû en dévorer un grand nombre d'autres, car « Christie Johnstone » de Charles Reade est associé au dernier moment des derniers jours.

Il y a quelques mois, j'étais dans l'ancienne maison et j'ai relu ce livre, après ne l'avoir pas regardé pendant plus de trente ans ; et je l'ai lu avec étonnement devant sa vulgarité artistique dominante, son erreur esthétique dominante saupoudrée ici et là de lueurs et la vérité que Reade lui-même cherchait toujours vaguement à tâtons. Le livre est écrit partout à la limite du réalisme, avec des divinations et des conjectures au-delà de ses frontières, et avec des chutes dans le paradis des fous du romantisme, et un contentement apparent de son inanité et de son impossibilité. Mais c'était brillamment nouveau et surprenant ; cela semblait être le dernier mot que l'on puisse dire pour la vérité dans la fiction ; et cela nous a tenus comme un anesthésique au-dessus de la douleur de la séparation et de l'anxiété des années qui doivent s'écouler, avec toutes leurs chances redoublées, avant que notre cercle familial puisse à nouveau être reconstitué. J'ai continué à lire, et les autres ont écouté, jusqu'à ce que les roues de la vieille scène se fassent entendre dans leur approche à travers le silence absolu de la rue du village. Puis nous avons fermé le livre et sommes tous descendus ensemble vers la porte et nous nous sommes séparés sous le ciel pâle de la nuit d'octobre. Il y avait un membre du groupe de maison que je ne devais plus revoir : le jeune frère qui mourut dans la fleur de ses années avant mon retour de mon séjour lointain et étrange. Il était alors trop jeune pour partager notre lecture du roman, mais quand j'ai couru dans sa chambre pour lui dire au revoir, je l'ai trouvé éveillé, et, le cœur douloureux, nous nous sommes dit au revoir pour toujours !

XXVIII. DANTE

J'ai étudié la grammaire italienne lors de ma traversée de l'Atlantique et, grâce à ma connaissance du latin, de l'espagnol et du français, j'ai rapidement appris à lire cette langue. J'avais très envie d'aller en Allemagne pour poursuivre mes études de littérature allemande et j'ai d'abord postulé au consulat de Munich. Les puissances de Washington pensaient que c'était tout à fait la même chose de m'offrir Rome ; mais je trouvai que les revenus du consulat romain ne me permettraient pas de vivre, et je fus obligé de les refuser. Alors les secrétaires privés du Président, M. John Nicolay et M. John Hay, qui ne me connaissaient qu'en tant que jeune occidental ayant écrit des poèmes dans l'Atlantic Monthly, m'ont demandé comment j'aimerais Venise et m'ont promis qu'ils auraient le salaire porté à mille mille par an, selon la nouvelle loi pour embarrasser les corsaires. Il était en réalité porté à mille cinq cents, et avec ce revenu assuré, je partais pour la ville dont l'influence changea tout le cours de ma vie littéraire.

Aucun corsaire n'est jamais venu, bien que j'aie eu un jour de Turin que le Florida avait été aperçu au large d'Ancône ; et j'avais à Venise près de quatre années de loisirs presque ininterrompus, que je comptais employer à lire toute la littérature italienne et à écrire une histoire de la république. Bien entendu, je m'attendais à ce que l'histoire soit une longue affaire, et je ne pensais pas vraiment pouvoir expédier la littérature en peu de temps ; en outre, j'avais sous la main plusieurs poèmes considérables qui m'occupaient beaucoup, et j'y travaillais tout en me perfectionnant en italien, préparatoire aux efforts qui m'attendaient.

J'avais déjà une légère idée générale des lettres italiennes de Leigh Hunt et d'autres Italianates anglais agréables ; et je savais que je voulais lire non seulement les quatre grands poètes, Dante, Pétrarque, l'Arioste et le Tasse, mais tout ce groupe de poètes burlesques, Pulci , Berni et les autres, qui, d'après ce que je savais d'eux, je je pensais que ce serait encore plus dans mon esprit. En fait, et au fil du temps, j'ai lu un peu tout cela, mais plutôt en mineur qu'en majeur ; et je les quittai bientôt pour étudier les poètes, romanciers et dramaturges modernes qui m'intéressaient bien plus. À ma manière habituelle, j'ai lu ensemble une demi-douzaine de ces auteurs, de sorte qu'il serait difficile de dire par lequel j'ai commencé, mais j'avais réellement une dévotion pour Dante, mais pas à cette époque, ni pour l'ensemble de Dante. Au cours de ma première année à Venise, j'ai rencontré un prêtre ingénieux, qui avait été précepteur dans une famille patricienne et qui était prêt à guider mes pas chancelants à travers « l'Enfer ». J'ai lu cette partie de la « Divine Comédie » avec la prudence d'un débutant et avec un ravissement dans ses beautés, qui, je murmurerai au lecteur, n'apparaissent pas dans chaque ligne.

Je dis encore qu'il est bien dommage que la critique ne soit pas honnête à l'égard des chefs-d'œuvre de la littérature et n'avoue pas qu'ils ne sont pas à chaque instant magistral, qu'ils sont souvent ennuyeux, durs et secs, comme c'est certainement le cas de ceux de Dante. Un jour peut-être, nous aurons cette façon de traiter la littérature, et alors l'amateur ne se sentira pas obligé de se forcer à croire que s'il ne s'amuse pas toujours, c'est de sa faute. En tout cas, je me permettrai le luxe de dire franchement que, même si j'avais un sens profond de la majesté et de la grandeur du dessein de Dante, de nombreux points de son exécution m'ennuyaient et que je trouvais le mélange de petits faits locaux et d'histoire du quartier dans le tissu de sa haute création ne fait pas partie de son effet le plus noble. Ce qui est merveilleux , c'est l'expression de la personnalité de Dante, et je ne pourrai jamais penser que ses personnalités rehaussent sa grandeur en tant qu'œuvre d'art. Mais je les appréciais, et je les appréciais d'autant plus que les innombrables perspectives de l'histoire italienne commençaient à s'ouvrir autour de moi. Alors, en effet, j'ai compris les origines si je n'ai pas compris les objectifs de Dante, sur lesquels il y a encore beaucoup de controverses parmi ceux qui prétendent les connaître clairement. Ce que j'ai finalement compris, c'est que son poème venait à travers lui du cœur de la vie italienne, telle qu'elle était à son époque, et que quoi qu'il enseigne, son poème exprime cette vie, dans toute sa splendeur et sa misère, sa beauté et sa difformité, son amour et sa haine.

La critique peut tourmenter tel ou tel sens, mais à la fin des fins, la "Divine Comédie" représentera le patriotisme de l'Italie médiévale, en ce qui concerne son éthique, et un idéal profond et élevé de beauté. , en ce qui concerne son esthétique. C'est assez vague et assez léger, je dois l'avouer, mais je dois avouer aussi que je n'avais même pas une idée de tant de choses lorsque j'ai lu pour la première fois « L'Enfer ». Je m'y suis pris très simplement, et mon plaisir était celui qui trouve son compte dans les beaux passages, les épisodes brillants, les tableaux saisissants. C'est là l'effet sur moi de toutes les critiques que j'avais lues jusqu'ici, et je ne suis pas encore sûr que la critique qui s'efforce d'avoir une portée plus large et de voir les choses « dans leur ensemble » ait un effet défini. En fait, nous ne voyons rien d'entier, ni la vie ni l'art. Nous sommes ainsi faits, en âme et en sens, que nous ne pouvons nous occuper que de parties, de points, de degrés ; et l'effort pour parcourir un tout doit impliquer un inconfort et un danger très menaçant pour notre intégrité intellectuelle.

Ou si ce postulat est aussi intenable que tous les autres, je suis néanmoins très heureux de n'avoir alors perdu aucun fait de la majesté, de la beauté et du pathétique des grandes mesures certaines, au profit de cette quatrième dimension du poème qui n'est pas encore rendu palpable ou visible. Je me suis rassasié de la triste histoire de « Paolo et Francesca », que je connaissais déjà dans l'adorable dilution de Leigh Hunt, et la plupart des lignes se lisent dans ma mémoire, où elles persistent encore. J'ai soupé des horreurs du sort d'Ugolin avec le fort élan de la jeunesse, qui trouve plaisir dans tout exercice de sympathie. Mon bon prêtre était assis à côté de moi dans ces riches moments, nouant sur ses genoux le mouchoir en calicot du priseur, et entrant avec un empressement tremblant dans ma joie dans des choses dont il avait souvent joui auparavant. Sans doute il y avait un plaisir inépuisable en dehors du mien, car j'y ai trouvé mon plaisir éternel, et je n'ai pas manqué d'y goûter aussi souvent que je lis ou me répète quelques-uns des grands passages du poème. Ce plaisir provenait souvent d'une phrase vitale, ou simplement de la musique inspirée d'une phrase tout à fait étrangère à sa signification. Je n'ai pas eu alors, et je n'ai pas eu depuis, une conception distincte du voyage à travers l'Enfer, et chaque fois que j'ai essayé de comprendre la topographie du poème, je me suis fatigué en vain, mais je ne pense pas que le le sens essentiel était perdu pour moi.

J'ose dire que mon prêtre avait sa notion de la forme générale et de la signification, du corps matériel grossier de la chose, mais il ne m'a pas dérangé avec cela, pendant que nous étions assis ensemble en transe en présence de son âme. Il semblait parfois tellement perdu dans la vision béatifique qu'il oubliait mes trébuchements dans l'obscurité philologique, jusqu'à ce que je lui fasse appel à l'aide. Alors il lisait à haute voix avec ce rythme magnifique que les Italiens ont en lisant leurs vers, et le sens obscur semblait briller dans la simple musique du poème, comme la couleur que les aveugles ressentent dans le son.

Je ne sais ce qu'il est devenu, mais s'il ressemble au reste de l'étrange groupe de mes guides, philosophes et amis littéraires, l'imprimeur, le facteur d'orgues, le machiniste, le vendeur de drogue et le Relieur, je crains qu'il ne soit mort. En fait, moi qui étais alors moi, on pourrait dire que je suis mort aussi, tant mon moi passé est peu semblable à mon moi présent, sauf dans le « but croissant » qui m'a maintenu un dans mon amour de la littérature. C'était un homme doux et bon, avec une vie et un désir, en dehors de sa vocation, qui n'ont jamais été vécus ni réalisés. Je ne l'ai pas revu après qu'il ait cessé de lire Dante avec moi, et en fait, les soupçons de mes amis italiens m'ont conseillé de faire attention à mes relations avec un prêtre, qui pourrait très bien être un espion autrichien. Je me séparai de lui non pas pour une raison aussi pittoresque, car je ne l'ai jamais cru que comme le plus vrai et le plus fidèle des amis, mais parce que je me livrais alors plus entièrement à un travail dans lequel il ne pouvait m'aider.

Naturellement, c'était un long poème de la terza rima de la Divina Commedia, et traitant d'une histoire de notre guerre civile d'une manière si lointaine qu'aucun éditeur ne l'imprimerait. Ce furent les prémices et les derniers de ma lecture de Dante, en vers, et il ne ressemblait pas autant à Dante que j'aurais voulu le faire ; mais Dante n'est pas facile à imiter ; il est trop inconscient et trop célibataire, trop déterminé à dire ce qui est en lui, avec toute la beauté qui y est inhérente, pour revêtir les grâces que d'autres pourraient capter.

XXIX. GOLDONI, MANZONI, D'AZEGLIO

Cependant, ce poème n'a partagé que le sort de presque tous les autres que j'ai écrits à cette époque ; ils me revenaient avec une régularité sans faille de la part de tous les éditeurs de magazines du monde anglophone ; Je n'eus aucun succès avec aucun d'entre eux jusqu'à ce que j'envoie à M. Lowell un article sur la comédie italienne récente pour la North American Review, que lui et le professeur Norton avaient alors commencé à éditer. Pendant ce temps, j'imprimais dans un journal de Boston les articles sur la Vie vénitienne et les Voyages en Italie, après leur rejet par les magazines ; et ma vie littéraire, presque à mon insu, avait suivi le cours d'une observation critique des livres et des hommes dans leur actualité.

C'est-à-dire que j'étudiais les mœurs, dans le sens ancien du mot, partout où je pouvais les trouver dans la vie franche des gens autour de moi et dans la littérature italienne alors moderne. Dans cette quête, j'ai fait une découverte qui m'a beaucoup intéressé et qui a spécialisé mes recherches. J'ai découvert que les Italiens n'avaient pas de romans traitant de leur vie contemporaine ; qu'ils n'avaient pas de fiction moderne mais le roman historique. J'ai découvert que si je voulais connaître leur vie à partir de leur littérature, je devais aller à leur théâtre, qui s'efforçait déjà alors de donner à leur scène une image fidèle de leur civilisation. Il y avait déjà, dans la nouvelle situation d'un peuple à peine libéré de toutes sortes de répressions intellectuelles et d'oppressions politiques, un groupe d'auteurs dramatiques, dont les pièces étaient non seulement agréables à voir mais aussi agréables à lire, travaillant dans la bonne tradition de l'un des les plus grands réalistes qui aient jamais vécu, et produisant un drame de force vitale et de charme. L'un d'eux, que je ne trouvais pas du tout le meilleur, nous a donné une pièce connue de tout le monde, que je suis presque prêt à considérer avec Zola comme la plus grande pièce des temps modernes ; ou s'il n'en est pas ainsi, je serais embarrassé de nommer le drame moderne qui surpasse "La Morte ". Civile " de Paolo Giacometti. J'ai appris à connaître assez bien tous les dramaturges, dans toute l'étendue de leur œuvre, sur scène et dans le cabinet, et j'ai appris à connaître mieux encore et à aimer par-dessus tout le beau et aimable génie. dont, comme l'a dit l'un d'eux, ils n'ont pas tant imité qu'ils ont appris à imiter la nature.

C'était Carlo Goldoni, l'un des premiers réalistes, mais antérieur au réalisme conscient, du moment qu'il était né à Venise au début du XVIIIe siècle et qu'il en était venu à combattre au corps à corps le romantisme de son époque. presque avant que ce siècle n'atteigne son midi. Au début des années soixante de notre siècle, je n'étais pas plus conscient de son réalisme qu'il ne l'était lui-même cent ans auparavant ; mais j'avais des yeux dans la tête, et je vis que ce qu'il avait vu à Venise si longtemps auparavant était si vrai que c'était la vie même de Venise à mon époque ; et parce que j'ai aimé par-dessus tout la vérité dans l'art, je suis tombé instantanément et durablement amoureux de Carlo Goldoni. Je lisais ses mémoires et j'apprenais à connaître sa nature douce, honnête et simple tandis que j'apprenais à connaître son œuvre, et je souhaite que tous ceux qui lisent ses pièces lisent aussi sa vie ; il faut le connaître avant de pouvoir les connaître pleinement. Je crois en fait que c'est son autobiographie qui m'est tombée entre les mains en premier. Mais, en tout cas, les deux sont associés aux ferveurs et aux langueurs de ce premier été à Venise, de sorte que je ne peux pas maintenant reprendre un livre de Goldoni sans un sentiment renouvelé de ce soleil et de ce clair de lune, ainsi que des sons et des silences d'un ville qui est à la fois la plus calme et la plus stridente du monde.

Peut-être parce que je n'ai jamais trouvé son œuvre de grandes proportions éthiques ou esthétiques, mais que j'ai reconnu qu'elle prétendait être bonne seulement dans ses strictes limites, j'y reviens maintenant sans ce sentiment douloureux d'une grandeur diminuée, qui nous accompagne si souvent lorsque nous revenons à quelque chose qui nous plaisait autrefois beaucoup. Il me semblait alors que j'avais dû lire toutes ses comédies à Venise, mais j'en ai lu de nouvelles après mon retour à la maison, et je peux encore prendre un volume de lui sur l'étagère et, trente ans plus tard, le retrouver. une pièce ou deux que j'ai manquées auparavant. Leur nombre est très grand, mais peut-être ceux que je crois ne pas avoir lus, je les ai vraiment lus une ou plusieurs fois et je les ai oubliés. Cela pourrait très bien être le cas, car il y a rarement quelque chose de plus poignant dans l'un d'entre eux que dans le cours moyen des choses. Les pièces sont pour la plupart des transcriptions légères et amusantes de la vie, et là où elles approfondissent parfois des situations fortes ou expriment des émotions fortes, elles le font avec des personnes si peu différentes de la moyenne de nos connaissances que nous ne nous en souvenons pas simplement. qui sont les personnes.

Il ne fait aucun doute que le gentil dramaturge avait sa conscience et entendait faire réfléchir autant que rire. Je ne connais aucune de ses pièces qui soit d'un mauvais effet, ou qui viole les instincts de pureté, ou qui insulte le bon sens avec la prétention romantique que le mal sera bien si vous le peignez seulement en rose. Il s'efforce manifestement de « punir le vice et de récompenser la vertu », mais je ne parle pas de cette moralité facile lorsque je loue la sienne ; Je veux dire le type le plus difficile qui reconnaît dans l'âme de chaque homme l'arbitre non sûrement de son sort, mais sûrement de sa paix. Il ne ridiculise jamais le spectateur en feignant que la passion est une raison ou une justification, ou que la souffrance d'une sorte peut expier le tort d'une autre. C'était aux romantiques de notre siècle de le découvrir ; même les romantiques que Goldoni chassa de la scène appartenaient à cette espèce plus simple du XVIIIe siècle qui n'avait pas encore libéré l'individu de la société, mais le tenait pour responsable à l'ancienne. Quant à Goldoni lui-même, il ne rêve apparemment jamais de transgression ; il est d'un conformisme plutôt explicite dans la plupart des choses, et il traite la société comme quelque chose de définitivement réglé. Avec quelle art il s'en occupe, avec quelle décence, avec quelle salubrité, ceux qui connaissent historiquement la société vénitienne du XVIIIe siècle s'en apercevront lorsqu'ils se souviendront de l'impression adéquate qu'il en donne, sans offenser son caractère, son langage ou sa situation. C'est le miracle perpétuel de sa comédie, qu'elle en dit long sur l'expérience et la sagesse du monde, et si peu sur l'inexpérience et l'innocence du monde. Sans doute la République Sérénissime était très stricte avec le théâtre et lui permettait de tendre le miroir à la nature seulement lorsque celle-ci se comportait bien, ou du moins se comportait comme si des jeunes étaient présents. Cependant les Italiens parlent plutôt franchement et reconnaissent des faits dont nos manières de compagnie n'admettent pas au moins l'existence. Je devrais dire que Goldoni était presque anglais, presque américain, en fait, dans son respect des convenances, et j'aime cela chez lui ; quoique les convenances ne soient pas des vertus, ce sont de très bonnes choses, et du moins valent mieux que les inconvenances.

Cependant, je dois l'avouer, cela n'avait pas grand-chose à voir avec le fait que je l'aimais tant, et je serais bien embarrassé d'expliquer ma passion, autant dans son cas que dans la plupart des autres. S'il y avait une raison à cela, c'était peut-être qu'il avait le pouvoir de me sortir de ma vie et de me mettre dans la vie des autres, que je considérais comme des êtres humains autant que moi-même. Faire vivre dans les autres, c'est le plus grand effet de la religion aussi bien que de l'art, et ce sera peut-être le plus grand bonheur que nous connaîtrons jamais. Je ne prétends pas que ma traduction soit due à mon altruisme ; c'était distinctement à cause de cet égoïsme qui perçoit que le soi est misère ; et autant avouer ici que je ne considère pas l'extase artistique comme en aucune sorte noble. Il n'est pas noble d'aimer le beau, ni de vivre pour lui, ou par lui ; et il se peut même qu'il ne s'agisse pas de raffinage. Je ne voudrais pas qu'un de mes lecteurs, impatient de se lancer dans une carrière esthétique, suppose que cet amour soit un mérite en soi ; c'est peut-être l'égoïsme le plus grossier. Si vous ne pouvez pas regarder au-delà du but que vous visez et rechercher le bien qui ne vous appartient pas, tous vos sacrifices sont pour vous-même et non pour vous-même, et vous pourriez tout aussi bien vous lancer en affaires. En soi et pour soi, il n'est pas plus honorable d'acquérir la gloire que de gagner de l'argent, et le désir de faire l'un n'est pas plus élevé que le désir de faire l'autre.

Mais à l'époque dont j'écris, je n'en avais aucune idée, et je suis sûr que mon aveuglement face à un fait aussi évident m'a empêché même de rechercher et de connaître la plus haute beauté des choses que j'adorais. Je crois que si j'en avais eu conscience, j'aurais lu beaucoup plus de poètes et de romanciers italiens aussi humains que Manzoni et D'Azeglio , que je percevais comme délicieux, sans les rêver dans toute leur bonté. De temps en temps, son étendue me revenait en un éclair, mais cet aperçu était presque aussitôt perdu pour ma vision rétrovertie . Ce n'est qu'en y repensant que je peux réaliser à quel point ils ont toujours pu signifier pour moi. Ils vivaient tous deux à l'époque où j'étais en Italie, et c'étaient deux hommes que j'aurais beaucoup aimé voir maintenant, si j'avais pu le faire sans cette futilité qui semble accompagner tout effort pour payer son devoir envers de tels hommes.

L'amour de la patrie chez tous les poètes et romanciers italiens de la longue période de la résurrection nationale a ennobli leur art dans une mesure dont la critique n'a pas encore pris en compte. J'en concevais alors l'effet, mais je le concevais comme un malheur, une fatalité ; maintenant, je ne suis pas du tout sûr qu'il en soit ainsi ; désormais, la création de la beauté, comme nous l'appelons, pour l'amour de la beauté, pourra être considérée comme quelque chose de monstrueux. Il y a toujours un sens poignant à la vie au-delà de ce qu'implique le simple fait de vivre, et pourquoi n'y aurait-il pas cette référence dans l'art aux fins au-delà de l'art ? La situation, la longue patience, l'espoir contre l'espoir, digne et embelli la nature des écrivains italiens de cette époque, et évoquait chez eux une qualité que j'étais trop peu formé à leur école pour apprécier. Mais d'une certaine manière je le sentais, je le savais en chacun d'eux, pour autant que je connaissais chacun d'eux, et dans les tragédies de Manzoni, et dans les romans de D'Azeglio , et plus encore dans les récits simples et modestes. des récits de la vie de D'Azeglio publiés après sa mort, j'en ai profité, et je me suis préparé inconsciemment à ce point de vue d'où tous les arts paraissent un avec tous les usages, et où il n'y a rien de beau qui soit faux.

Je suis très heureux de cette expérience de la littérature italienne, que je considère comme tout à fait saine et salubre, après mes excès de Heine. C'était sans doute peu de chose en comparaison d'une égale connaissance de la littérature française, et jusqu'ici c'était une perte de temps. Il est vain de contester les positions générales de la critique, et il n'est pas utile de réfuter son jugement selon lequel la littérature française est une littérature majeure et la littérature italienne une littérature mineure de ce siècle ; mais il peut y avoir un doute raisonnable quant à savoir si ce verdict sera valable pour toujours. Les critères peuvent changer, et désormais on peut considérer toute l'affaire si différemment qu'une littérature qui a contribué à la construction d'un peuple ne sera pas considérée comme une littérature mineure, mais prendra sa place parmi les grands mouvements littéraires.

Je n'insiste pas sur cette possibilité, et je suis loin de me défendre d'aimer mieux les comédies de Goldoni que les comédies de Molière, pour des raisons purement esthétiques, où il n'est pas question de qualité artistique. Peut-être est-ce parce que je suis venu plus tard aux comédies de Molière et que mon goût était formé pour celles de Goldoni ; mais encore une fois, il s'agit ici d'une question d'affection ; Je trouve Goldoni pour moi plus sympathique, et parce qu'il est plus sympathique, je ne peux faire autrement que de le trouver plus naturel, plus vrai . J'admets que cela est vulnérable et, comme je l'ai dit, je ne le défends pas. Molière a dans la littérature une place infiniment plus élevée que celle de Goldoni ; et il a fourni des types, des caractères, des phrases à la monnaie de la pensée, et Goldoni n'en a fourni aucun. C'est donc sans raison que je peux prétendre que j'apprécie davantage Goldoni. Je suis parfaitement disposé à être mal noté en raison de mes préférences, et pourtant je pense que si Goldoni avait eu la chance d'avoir eu pour scène le grand âge d'une puissante monarchie, au lieu du déclin d'une république dépassée, sa place dans la littérature aurait pu être différent.

XXX. "PASTEUR FIDO", "AMINTA", "ROMOLA", "LEVURE", "PAUL FERROLL"

J'ai toujours eu un grand amour pour l'absolument irréel, le purement fantaisiste dans tous les arts, ainsi que pour l'absolument réel ; J'aime l'un sur un plan bien inférieur à l'autre, mais il me ravit, comme le fait une pantomime de théâtre ou un opéra-comique, dont l'être est tout à fait hors du domaine des probabilités. Une fois que je me transporte dans cette sphère, je n'ai plus aucun souci d'eux, et si je le pouvais, je n'exigerais pas d'eux une allégeance qui ne les concerne pas. C'est pour cette raison que j'ai toujours beaucoup apprécié les artifices de la poésie pastorale ; et à Venise j'ai lu avec plaisir quelques poèmes sérieux qui m'ont donné le "Pastor Fido" de Guarini. Je suis venu plus tard, mais pas avec un enthousiasme moindre, à « l' Aminta » du Tasse, sans laquelle, peut-être, le « Pasteur Fido » n'aurait pas existé, et je me suis délecté des jolies impossibilités de ces deux effets charmants de l'imagination libérée.

Je ne condamne pas du tout ce genre de choses ; on ne vit pas de sucreries, à moins de vouloir gâcher sa digestion ; mais on peut se faire plaisir de temps en temps sans danger, et une ou deux sucreries après le dîner peuvent même être bénéfiques. Ce à quoi je m'oppose, c'est la chose romantique qui demande à être acceptée avec toute sa fantaisie sur le terrain de la réalité ; cela me semble désespérément mauvais. Mais j'ai pu habiter leur charmant hors-pays ou non-pays avec les bergers et les bergères et les nymphes, les satyres et les faunes du Tasse et de Guarini, et je prends le plus grand plaisir en leur compagnie, leurs amours en porcelaine de Dresde et leurs chagrins, leurs ravissements aériens, leurs affres indolores, leurs angoisses polies, leurs larmes pas le moins salées, mais coulant aussi douces que les ruisseaux murmurants de leurs prairies émaillées . J'aurais aimé qu'il y ait plus de ce genre d'écriture ; J'aimerais beaucoup le lire.

La plus grande partie de mes lectures à Venise, lorsque j'ai commencé à constater que je ne pouvais m'empêcher d'écrire sur ce lieu, consistait en des livres traitant de sa vie et de son histoire, dans lesquels j'utilisais plutôt que de trouver du plaisir. Mes études de littérature italienne étaient pleins du plus charmant intérêt, et si je devais lire bien des livres par conscience, il y en avait bien d'autres que je lisais pour eux-mêmes. C'étaient principalement de la poésie ; et après les premiers essais dans lesquels j'ai goûté les poètes classiques, c'étaient surtout les livres des poètes modernes.

Pour l'instant, je ne suis pas allé plus loin dans la littérature allemande, et je n'y suis revenu plus tard que pour une connaissance plus profonde et plus complète de Heine ; mon espagnol était ignoré, comme le sont tous les premiers amours quand on atteint l'âge de vingt-six ans. Mes lectures en anglais se faisaient presque entièrement dans les éditions de Tauchnitz, car autrement les livres anglais n'étaient pas faciles à trouver sur-le-champ. « Romola » de George Eliot était alors nouveau, et je l'ai lu encore et encore avec le sentiment d'élargissement moral que la première fiction à concevoir la vraie nature du mal a donné à nous tous qui étions jeunes à cette époque. Tito Malema n'a pas été seulement une leçon, il a été une révélation, et j'ai tremblé devant lui comme en présence d'un avertissement et d'un message de la seule véritable perdition . Sa vie, où se mêlaient tant de bien et tant de mal, éclairait de son éclat tout le domaine de l'égoïsme et faisait sentir combien le meilleur et le pire étaient proches l'un de l'autre, et combien ils parfois touché sans division absolue de texture et de couleur. Ce livre était sans aucun doute l'un de mes préférés, et je n'y voyais pas alors les faiblesses artistiques qui me furent ensuite évidentes.

il n'y avait pas de Romolas à lire tout le temps, et je devais m'en remettre à des auteurs inférieurs pour mes fictions la plupart du temps. Bien sûr, j'ai suivi « Our Mutual Friend », que Dickens était alors en train d'écrire, et « Philip », qui devait être le dernier de Thackeray. Je n'étais pas encore assez instruit pour apprécier Trollope, et je ne l'ai pas lu du tout.

J'ai mis la main sur Kingsley et lu « Yeast », et je pense que certains de ses autres romans, avec beaucoup de goût et sans sensibilité à son Charles Readeish, passe de son art à la matière de son art. Mais de toutes les petites fictions que je lisais à cette époque, aucune ne m'impressionna autant que trois livres qui avaient alors déjà eu leur vogue et que je connaissais un peu par les critiques. Il s'agissait de Paul Ferroll , « Pourquoi Paul Ferroll a tué sa femme » et « Jour après jour ». Les deux premiers étaient, bien sûr, liés l'un à l'autre, et ils étaient tous trois pleins d'une force malsaine. Quant à leur valeur esthétique, je ne dirai rien, car je n'ai regardé aucun de ces livres depuis trente ans. Je crois cependant que leur force était plutôt du genre tétanique que titanesque. Ils ont fait partir votre sympathie pour le héros, qui met délibérément à mort sa femme pour le mensonge qu'elle a dit pour rompre son mariage avec la femme qu'il avait aimée, et qui ensuite épouse cette jeune fille tendre et douce, et vit dans un grand bonheur avec elle. jusqu'à sa mort. Le meurtre au premier degré est flatté par son sort au point de le laisser mourir paisiblement à Boston après ses agissements en Angleterre ; et dans l'ensemble, son histoire ne pouvait être recommandée à des personnes ayant un goût morbide pour l'effusion de sang. Naturellement, ces livres furent écrits par une femme parfaitement honnête, l'épouse d'un pasteur anglais, dont les amis en furent grandement scandalisés. Comme une sorte d'expiation, elle écrivit « Jour après jour », l'histoire d'un orphelin lugubre et sans joie, qui meurt au son d'une musique angélique, faible et entendue , remplissant toute la chambre. Une étude plus approfondie du phénomène révèle que les souches séraphiques sont produites par la vapeur qui s'échappe des bouillottes placées aux pieds du malade.

Comme d'habitude, je ne parviens pas à expliquer pleinement mon goût pour ces livres, et je suis si loin de vouloir le justifier que je crois que je devrais plutôt l'excuser. Mais comme j'étais vraiment très fasciné par eux et que je les lis avec une fascination toujours croissante , la seule chose honnête à faire est d'admettre ma soumission à eux. Ce serait une question intéressante et importante à étudier pour la critique, la question de savoir pourquoi certains livres à un moment donné. Certaines époques dominent grandement notre imagination, et d'autres, manifestement préférables, n'ont aucune influence sur nous. Une curieuse preuve de la subtilité de ces livres de Paul Ferroll dans l'appel qu'ils faisaient à l'imagination, c'est que je les ai découverts tout frais de Romolo , et plein d'horreur pour moi-même dans Tito ; pourtant, j'ai toujours sympathisé avec Paul Ferroll et j'étais heureux quand il s'est enfui.

XXXI. ERCKMANN-CHATRIAN, BJORSTJERNE BJORNSON

À mon retour en Amérique, ma vie littéraire a immédiatement pris une telle forme que la plupart de mes lectures étaient destinées à être révisées. J'ai d'abord écrit bon nombre des critiques les plus légères dans « The Nation », à New York, et après être allé à Boston pour devenir rédacteur adjoint de « l'Atlantic Monthly », j'ai écrit les notices littéraires de ce périodique pendant quatre ou cinq heures. années.

Ce n'est que lorsque je suis devenu pleinement responsable de la revue que j'ai commencé à partager ces travaux avec d'autres, et je les ai continués dans une certaine mesure aussi longtemps que j'avais un rapport avec elle. Ma lecture pour lire, comme je l'avais fait jusqu'alors, était terminée, et je lisais d'abord pour écrire sur le livre que j'avais en main, et secondairement pour le plaisir qu'il pouvait me procurer. C'était toujours considérable, et parfois si grand que j'en oubliais la critique et que je lisais encore et encore pour le plaisir. J'étais maître pour réviser tel ou tel livre à ma guise, et en général je ne révisais que les livres que j'aimais lire, même si parfois je sentais que je devais faire un livre, et je le faisais par sens du devoir ; Je ne pense pas que ces critiques superficielles aient été très utiles, mais j'ai essayé de les rendre honnêtes.

A la suite d'une longue maladie que j'ai eue peu de temps après mon départ pour vivre à Cambridge, un ami m'a apporté plusieurs histoires d' Erckmann - Chatrian , que les gens lisaient alors beaucoup plus qu'aujourd'hui, je crois ; et j'avais en eux une grande joie, que j'ai renouvelée depuis chaque fois que j'ai lu un de leurs livres. Ils ont à peu près la même qualité de réalisme simple et sincèrement moralisé que j'ai trouvé plus tard dans l'œuvre du premier réaliste suisse, Jeremias Gotthelf , et c'est très probablement cela qui a captivé mon jugement. Quant à mes affections, meurtries et épuisées comme elles auraient dû l'être dans bien des passions littéraires, elles ne se sont jamais éteintes avec une jouissance plus fraîche qu'à la charmante histoire de « L'Ami Fritz », qui, quand je me contente de la nommer, respire le soleil et l'air printaniers qui m'entourent et remplissent mes sens de la beauté et de la douceur des fleurs de cerisier. C'est l'un des livres les plus beaux et les plus aimables qui aient jamais été écrits, et mon cœur y appartient toujours ; il est certain qu'il appartient à plusieurs centaines d'autres livres dans leur intégralité.

Il appartient à tous les livres du grand Norvégien Bjorstjerne Bjornson, dont j'ai lu « Arne », « Happy Boy » et « Fisher Maiden » dans cette même heureuse maladie. Depuis, j'ai lu tous les autres livres sur lesquels j'ai pu mettre la main : « Sinnove Solbakken , ' Magnhild ', et 'Captain Manzanca ', et 'Dust', et 'In

God's Ways' et ' Sigurd ', et joue comme 'The Glove' et 'The Bankrupt'. Il n'a jamais, comme certains auteurs, diminué dans mon sens ; quand j'ouvre sa page, je le trouve toujours aussi grand, libre et audacieux. C'est un grand talent, une conscience tranquille, un bel art. Il a mon amour non seulement parce qu'il est un poète d'une vérité exquise, mais aussi parce qu'il aime les hommes, avec une foi en eux telle qu'elle peut déplacer des montagnes d'ignorance, de stupidité et d'avidité. Il est à côté de Tolstoï dans sa volonté de se donner pour son espèce ; s'il préfère se donner en combattant plutôt qu'en souffrant du mal, je ne sais pas si son sacrifice de soi est moindre.

J'avoue cependant que je ne le considère pas comme un patriote et un socialiste lorsque je le lis ; c'est alors un pur poète, dont le don me tient transporté au-dessus du monde où j'ai laissé pour le moment mon être gênant et ennuyeux. Je ne connais aucun roman qu'un jeune entrepreneur de fiction pourrait lire avec plus de profit que le sien en raison de sa méthode large et simple, de sa confiance dans l'intelligence du lecteur, de sa sympathie pour la vie. Chez lui, tous les problèmes sont résolus par la volonté éclairée et régénérée ; il n'y a pas de Destin déroutant, mais un Dieu aidant. Chez Bjornson, il n'y a rien du désespoir méprisant d'Ibsen, rien de son mépris anarchique, mais son art est plein de la chaleur et de la couleur d'une âme poétique, sans aucune touche de cynisme glacial qui vous fige dans l'autre. J'ai également ressenti la froide fascination d'Ibsen, et je serais loin de nier sa puissante maîtrise, mais il ne m'a jamais possédé avec le plaisir de Bjornson.

À cette époque, je lisais non seulement tous les nouveaux livres, mais je faisais de nombreuses incursions dans le passé et revenais de temps en temps avec un riche butin, même si j'avoue que la plupart du temps j'avais du mal à payer mes peines ; et j'aurais aimé maintenant avoir consacré le temps que j'ai consacré aux classiques anglais à la littérature contemporaine, que je n'hésite pas à dire que j'aime beaucoup mieux. En fait, je crois que la préférence pour la littérature du passé, sauf chez les plus grands maîtres, est surtout l'affectation de gens qui ne peuvent autrement se distinguer du troupeau et qui désirent ardemment le faire.

Il y a beaucoup à apprendre des petits romanciers et poètes du passé sur les manières de penser et de sentir des gens, mais pas grand-chose que les maîtres ne vous donnent en meilleure qualité et dans une plus grande mesure ; et je devrais dire : lisez les maîtres anciens et laissez tomber leurs écoles, plutôt que de négliger tout maître possible de votre temps. Je ne voudrais surtout pas qu'on lise un vieil auteur pour ne pas l'ignorer ; c'est ce qui est le plus misérable, et rien de bon ne peut en résulter. Quand la littérature devient un devoir, elle cesse d'être une passion, et toutes les pédagogies du monde, solennellement adressées à la conscience, ne peuvent faire autrement. Il est bon de lire pour connaître un certain domaine si l'on veut utiliser ses connaissances d'une certaine manière, mais ce serait une erreur de supposer qu'il s'agit là de l'amour de la littérature.

XXXII. TOURGUÉNIEF, AUERBACH

Au cours de ces années à Cambridge, mon expérience littéraire la plus marquante a sans aucun doute été la connaissance des romans de Tourguenief , dont la grandeur a commencé à être reconnue vers le milieu des années soixante-dix. Je pense qu'ils ont fait leur chemin auprès de ceux de notre public qui étaient capables de les apprécier avant qu'ils ne soient acceptés en Angleterre ; mais cela n'a pas d'importance. Il suffit pour le présent propos que "Fumée", "Lisa", et "La veille", et "Dimitri Roudine ", et "Inondations printanières" soient passés l'un après l'autre entre mes mains, et que j'ai formé pour leur auteur l'une des passions littéraires les plus profondes de ma vie.

Je pense maintenant qu'il existe une méthode plus fine et plus vraie que la sienne, mais à sa manière, la méthode de Tourguenief est aussi loin que l'art puisse aller. C'est-à-dire que sa fiction est dramatique au dernier degré. Les personnes sont peu décrites et brièvement expliquées, puis elles sont laissées à leur affaire, quelle qu'elle soit, avec le moins de commentaires ou d'explications possible de la part de l'auteur. L'effet découle naturellement de leurs personnages, et lorsqu'ils ont fait ou dit une chose, vous en conjecturez la raison aussi infailliblement que vous le feriez s'il s'agissait de personnes que vous connaissiez en dehors d'un livre. J'en avais déjà conçu la possibilité auprès de Bjornson, qui pratique la même méthode, mais j'étais encore trop plongé dans l'obscurité grossière de la fiction anglaise pour prendre pleinement conscience de son excellence. Quand je me souvenais de la moralisation délibérée et impertinente de Thackeray, de l'exégèse maladroite de George Eliot, des hochements de tête et des clins d'œil complices de Charles Reade, de la charpenterie et des projecteurs de Dickens, et même de l'analyse fine et importante de Hawthorne, c'était avec une joie joyeuse. C'est avec étonnement que j'ai réalisé le grand art de Tourguenief .

Il s'agissait d'un maître qui, apparemment, n'essayait pas d'élaborer une intrigue, qui n'essayait même pas d'élaborer un personnage, mais se tenait à l'écart de toute l'affaire et laissait les personnages élaborer l'intrigue. La méthode a été parfaitement révélée dans « Smoke », mais chacun de ses livres successifs que j'ai lus était une nouvelle preuve de sa vérité, une révélation de sa supériorité transcendante. Je pense maintenant que j'ai quelque peu exagéré sa valeur ; mais cela était inévitable dès la première surprise. L'esthétique saine du premier auteur russe que j'ai lu apparaît cependant de plus en plus comme une partie essentielle de l'éthique saine de tous les Russes que j'ai lus. Non seulement Tourguenief avait peint la vie avec vérité, mais il l'avait peinte consciencieusement.

Tourguenief était de cette grande race qui, plus que toute autre, a exprimé pleinement et librement la nature humaine, sans faux orgueil ni fausse honte dans sa nudité. Ses thèmes étaient le plus souvent ceux du romancier français, mais comme il était loin de les traiter à la française et avec l'esprit français ! Entre ses mains, le péché n'a subi aucune punition dramatique ; cela ne se manifestait pas toujours comme un malheur, au sens personnel du terme, mais c'était toujours un trouble et sans espoir de paix. Si la fin n'apparaissait pas, le fait qu'elle devait être misérable apparaissait toujours. La vie s'est montrée à moi sous des couleurs différentes après avoir lu une fois Tourguenief ; c'est devenu plus sérieux, plus horrible, et avec des responsabilités mystiques que je n'avais pas connues auparavant. Mes horizons gay américains baignaient dans la vaste mélancolie du Slave, patient, agnostique, confiant. En même temps, la nature se révélait à moi à travers lui avec une intimité qu'elle ne m'avait pas montrée jusqu'alors. Il y a des passages de ce merveilleux écrivain vivant d'une vérité qui semble tirée de la propre connaissance du lecteur ; qui d'autre que Tourguenief et soi-même le plus secret a jamais ressenti tout le sens riche et triste de l'air nocturne qui s'engouffrait par la fenêtre ouverte, des feux qui brûlaient dans l'obscurité sur les champs lointains ? J'essaie en vain de donner une idée de la subtile sympathie pour la nature qui s'exprime à peine avec lui. Quant aux personnages de sa fiction, bien qu'ils appartenaient à des ordres et à des civilisations si éloignés de mon expérience, ils appartenaient aux types humains éternels dont chacun peut trouver l'origine et les potentialités dans son propre cœur, et je sentais leur vérité à chaque contact.

Je ne peux pas décrire la satisfaction que son travail m'a procurée ; Je ne peux peut-être en donner qu'une idée en disant que c'était comme un bonheur que j'avais attendu toute ma vie, et maintenant qu'il était venu, j'étais pour toujours richement content. Je ne veux pas dire que l'art de Tourguenief surpasse l'art de Bjornson ; Je pense que Bjornson est tout aussi beau et vrai. Mais le Norvégien a affaire pour la plupart à des circonstances simples et primitives, et toujours à un petit monde ; et le Russe a affaire à la nature humaine à l'intérieur de ses coquilles conventionnelles, et sa scène est souvent aussi vaste que l'Europe. Même si elle est aussi éloignée que la Norvège, elle reste liée aux grandes capitales par l'histoire sinon par l'actualité des personnages. J'ai lu la plupart des livres de Tourguenief plusieurs fois, tous je les ai lus plus de deux fois. Pendant plusieurs années, je les ai lus encore et encore, sans vraiment m'intéresser aux autres fictions. Ce n'est que l'autre jour que j'ai relu Smoke une fois de plus, sans diminuer le sens de sa vérité, mais avec un peu moins que ma première satisfaction dans son art. Peut-être était-ce parce que, grâce à ma connaissance de Tolstoï, j'étais arrivé au point où j'étais impatient même des artifices qui se cachaient. Dans « Smoke », j'étais désormais conscient d'un artifice qui restait invisible, mais qui était toujours présent quelque part, exploitant l'histoire de manière invisible.

Je ne dois pas manquer de reconnaître le grand plaisir que j'ai eu à lire certaines histoires d' Auerbach . Il est vrai que je n'ai jamais beaucoup aimé "Sur les hauteurs", qui, dans son traitement des redevances, semble trop éloigné de la vie humaine ordinaire et qui, du point de vue moral, finit par s'effacer dans un brouillard allemand. Mais j'en parle avec la connaissance imparfaite de celui qui n'a jamais pu le lire jusqu'au bout, et je n'ai vraiment pas le droit d'en parler. Le livre qui m'a le plus plu est « Edelweiss », qui, bien que l' histoire soit un peu trop catastrophique , m'a paru admirablement bon et vrai. Je pense toujours que c'est fait avec beaucoup de délicatesse et avec une profonde perspicacité ; mais il y a quelque chose dans toute l'œuvre d'Auerbach qui, rétrospectivement, m'affecte comme s'il s'agissait de pygmées.

XXXIII. CERTAINES PRÉFÉRENCES ET EXPÉRIENCES

J'ai toujours aimé l'histoire, que ce soit dans les annales des peuples ou dans la vie des personnes, et je l'ai toujours lue. Je n'en suis pas sûr, mais je le préfère plutôt à la fiction, même si je suis conscient qu'en repensant à ce récit de mes passions littéraires, je dois sembler ne m'être soucié que de la fiction. J'ai lu, à l'époque dont je viens de parler, presque toute la poésie nouvelle à mesure qu'elle parut, et j'y revenais constamment dans ses sources les plus moussues, où elle jaillissait du vert sol anglais ou coulait des urnes antiques d'Italie. .

Je ne pense pas avoir jamais beaucoup aimé la métaphysique, ni beaucoup lu dans ce sens, mais de temps en temps j'en ai fait quelque chose.

Les voyages, bien sûr, j'ai lu comme faisant partie de la grande histoire humaine, et l'autobiographie m'a parfois semblé la lecture la plus délicieuse du monde ; J'y ai un goût qui ne rejette rien, même si je n'ai jamais autant apprécié les autobiographies que celles des Italiens qui ont raisonné par eux-mêmes.

Je suppose que je n'ai pas été un grand lecteur de drames, et je ne sais pas si j'ai jamais beaucoup apprécié d'autres pièces que celles de Shakespeare et de Goldoni, et deux ou trois de Beaumont et de Fletcher, et une ou deux de Marlow, et toutes les pièces de théâtre. Ibsen et Maeterlinck. Le goût pour les vieux dramaturges anglais, je crois, ne m'est jamais formé.

La critique, depuis que je m'en suis remplie dans mon enfance, je ne m'en soucie pas, et souvent je la trouve répugnante.

J'ai un faible pour les livres de vulgarisation scientifique, peut-être parce qu'ils font eux aussi partie de l'histoire humaine.

J'ai lu un peu la théologie de la foi suédoise dans laquelle j'ai été élevé, mais je n'ai pas lu d'autres ouvrages théologiques ; et je ne m'excuse pas de n'en aimer aucun. La Bible elle-même ne m'était pas très connue à un âge où la plupart des enfants étaient obligés de la relire plusieurs fois ; les Évangiles m'étaient en effet familiers, et ils ont toujours été pour moi l'histoire humaine suprême ; mais je n'avais pas lu le reste du Nouveau Testament quand j'étais adulte, et seulement des passages de l'Ancien Testament, comme l'histoire de la Création et l'histoire de Joseph, et les poèmes de Job et de l'Ecclésiaste, avec des Psaumes occasionnels. Je suis donc parvenu aux Écritures avec un sens à la fois frais et mûr, et je ne pourrai jamais être trop heureux d'avoir appris à les voir sous un horizon plus vaste et dans les perspectives les plus vraies de l'expérience.

Toujours pour éclairer l'histoire humaine, j'ai aimé lire les livres de médecine qui sont tombés sur mon chemin, et je prends rarement un périodique médical sans lire tous les cas qu'il décrit, et en fait tous les articles qu'il contient .

Mais je n'avais pas l'intention de m'écarter même légèrement de l'objet principal de ces journaux, qui est de confier mes passions littéraires au lecteur ; il en a probablement eu un grand nombre lui-même. Je pense que je peux classer « l'Anneau et le Livre » parmi eux, même si je n'ai jamais été autrement un adepte de Browning. Mais j'étais encore récemment rentré d'Italie, ou loin de chez moi, lorsque ce poème est apparu, et que ce soit ou non parce que le vieil enchantement de cette terre m'a pris ainsi, j'y ai immédiatement donné mon cœur. Bien sûr, il y a des longueurs terribles , et on en a assez de la même histoire racontée encore et encore sous différents points de vue, et pourtant c'est une si belle histoire, et déroulée avec une ampleur et une plénitude si magnifiques . celui qui s'en prend à la légère s'en prend lourdement à lui-même. Il y a certains livres sur ce sujet — « L'histoire de Caponsacchi », « l'histoire de Pompilia » et « l'histoire du comte Guido » — qui, je pense, devraient être classés parmi les plus grandes poésies jamais écrites, et qui ont une expression directe et dramatique du fait et du caractère. , qui est sans rival. Il y a un pathos noble et élevé dans la fin de la déclaration de Caponsacchi , une rupture naïve et virile de sa maîtrise de soi, qui me semble le dernier effet possible en son genre ; et l'histoire de Pompilia contient toute la féminité, la pureté, la passion, la tendresse, l' impuissance. Mais si je commence à faire l'éloge de telle ou telle chose que j'ai aimé, je ne sais pas quand je devrais m'arrêter. Oui, en y réfléchissant bien, « L'Anneau et le Livre » me paraît l'un des rares poèmes dont la splendeur ne puisse jamais souffrir d'une éclipse durable, même si elle est peut-être actuellement tombée en suspens. Si elle nous était parvenue d'une époque plus ancienne, ou si elle n'avait pas été aussi parfaitement moderne dans sa reconnaissance de sentiments et de motifs ignorés par la poésie moins consciente du passé, elle pourrait être classée parmi les grandes épopées.

Parmi d'autres poètes modernes, j'ai lu certaines choses de William Morris, comme la « Vie et la mort de Jason », l'« Histoire de Gudrun » et le « Procès de Guenièvre », avec un plaisir un peu moins que passionné, et j'ai également j'ai aimé certains morceaux de Dante Rossetti. J'ai éprouvé une grande joie dans certains des grands poèmes mineurs d'Emerson, où la déesse se déplace sur les prairies de Concord avec une démarche qui est grecque, et sa démarche en sandales exprime un grand mépris pour les bottes en caoutchouc indien que l'Américain évoque si souvent. entre.

L'"Ode commémorative" de Lowell a également été une source à laquelle j'ai bu quelque chose de l'extase divine de l'humeur exaltée du poète, et je situerais ce niveau avec les " Biglow Papers", bien au-dessus de tous ses autres travaux, et principal des choses dont cet âge de notre pays restera dans les mémoires. J'ai toujours aimé Holmes, non seulement pour son esprit, si évident à apprécier, mais pour ses accents plus rares et plus riches dans lesquels il se montre amoureux de la nature et frère des hommes. La profonde perspicacité spirituelle, la musique céleste et la tendresse maussade de Whittier m'ont toujours plus captivé que ses appels enflammés et ses vertus civiques, même si je ne sous-estime pas la valeur de celles-ci dans ses vers.

Ma connaissance de ces poètes modernes, et de nombreux que je ne nomme pas parce qu'ils sont si nombreux, a été continue avec leur œuvre, et mon plaisir n'est pas inconstant, sinon égal. J'ai déjà parlé de Longfellow comme d'une de mes premières passions, et je n'ai jamais cessé de me réjouir de lui ; mais quelques-uns de nos poètes les plus récents et les plus jeunes m'ont donné des frissons de bonheur, pour lesquels la vie est devenue durablement plus douce.

Longtemps après avoir pensé ne jamais le lire — en fait, lorsque j'étais « nel mezzo del cammin di nostra vita » —, j'ai lu le « Paradis perdu » de Milton et j'y ai trouvé une beauté majestueuse qui justifiait à mes yeux la renommée qu'il porte, et éclipsé la valeur de ces poèmes moindres que j'avais, par ignorance, considérés comme ses plus dignes. En fait, c'était une des passions littéraires de l'époque dont je parle, et elle partageait mon dévouement pour les romans de Tourguenief et (le dois-je l'avouer ?) les romans de Cherbuliez . Après tout, il vaut mieux être honnête, et si ce n'est pas mieux, c'est du moins le plus simple ; c'est celui qui entraîne le moins de conséquences embarrassantes ; et si j'avoue le charme que m'a jeté pour un temps la Vengeance de Joseph Noirel , peut-être pourrai-je murmurer derrière ma main au lecteur que je n'ai jamais encore lu l' Énéide de Virgile ; les « Géorgiques », oui ; mais l' Énéide , non. Cependant, je m'attends à le lire un jour et à l'aimer énormément. C'est souvent le cas de choses dont je me suis tenu indéfiniment à l'écart.

Un fait de mon expérience que le lecteur peut trouver intéressant est que lorsque j'écris régulièrement, j'ai peu de goût pour la lecture. J'imagine que la lecture n'est pas simplement un passe-temps alors qu'elle est apparemment le plus simple passe-temps, mais qu'une certaine mesure de substance mentale y est utilisée, et que si vous utilisez toute la substance mentale que vous avez, beaucoup ou peu , d'une autre manière, vous ne lisez pas parce que vous n'avez pas l'esprit pour cela. En tout cas, c'est de cette manière seulement que je peux expliquer mon incapacité à lire beaucoup pendant les quatre années de la plus grande tranquillité que j'ai passées à la campagne à Belmont, où nous avons quitté Cambridge. Je m'étais promis que dans ce calme, maintenant que j'avais renoncé à faire des critiques et que j'écrivais peu ou rien dans le magazine à part mes histoires, je lirais à nouveau uniquement pour le plaisir, comme je l'avais fait dans les premiers jours précédant la critique. le but l'avait qualifié d'alliage amer. Mais j'ai découvert que n'étant pas obligé de lire un certain nombre de livres chaque mois pour pouvoir écrire sur eux, je ne lisais pas du tout, comparativement parlant. Certes, je me suis attardé sur un grand nombre de livres que j'avais lus auparavant, ainsi qu'un certain nombre de mémoires et de biographies, mais je n'ai eu aucun plaisir intense à lire à cette époque et je n'ai aucune passion à en raconter. C'était peut-être une période où rien de nouveau ne se produisait en littérature pour éveiller profondément l'intérêt ; Je déclare seulement le fait qui me concerne et suggère la théorie la plus plausible à laquelle je puisse penser.

Je voudrais également souligner un autre incident, qui peut avoir ou non sa valeur psychologique. Un événement important de ces années fut une longue maladie qui me tint sans défense pendant sept ou huit semaines, au cours desquelles j'étais obligé de lire pour passer ce temps intolérable. Mais dans cette misère, je me suis rendu compte que je ne pouvais rien lire de dramatique, que ce soit sous forme de pièces de théâtre ou de romans. La simple vue de la page imprimée, entrecoupée de dialogues, était une angoisse. Pourtant, ce n'était pas l'excitation de la fiction que je redoutais, car je consommais un grand nombre de récits de voyages, et je n'étais pas le moins du monde troublé par des évasions de l'épaisseur d'un cheveu, ni par des naufrages, ni par des périls causés par des bêtes sauvages ou des serpents mortels ; c'était l'effet dramatique inventé par le dramaturge ou le romancier et mis en valeur dans le discours de ses personnages que je ne pouvais pas supporter. J'ai trouvé un stress tout aussi impossible dans le journal du dimanche qu'un ami erroné m'a envoyé et qui, avec ses titres effrayants et ses sensations astucieusement travaillées, avait l'effet d'une fiction, comme en fait c'était en grande partie le cas.

Au bout de quatre ans, nous sommes retournés à l'étranger et les voyages nous ont fait perdre l'appétit de lire aussi complètement que l'écriture. Je ne me souviens de rien de ce que j'ai lu cette année-là en Europe qui m'ait ému, et je pense avoir très peu lu, à l'exception des histoires locales des villes toscanes dont j'ai ensuite parlé.

XXXIV. VALDES, GALDOS, VERGA, ZOLA, TROLLOPE, HARDY

En fait, ce n'est que lorsque je suis revenu et que j'ai repris ma vie à Boston, dans l'ancienne atmosphère de travail, que je me suis tourné à nouveau vers les livres. Même alors, il me fallut attendre le moment où j'entreprenais un département critique dans l'une des revues, avant de sentir renaître l'ancien enthousiasme pour un auteur. C'est-à-dire que j'ai dû recommencer à lire pour les affaires avant de commencer à lire pour le plaisir. L'un des premiers grands plaisirs que j'ai eu à ces conditions a été de lire le livre d'un auteur espagnol contemporain. C'était la « Marta y Maria » d'Armando Palacio Valdes, un romancier qui me ravit au-delà des mots par son humour amical et abondant, son sens du caractère et sa perspicacité subtile. J'aime chacun de ses livres que j'ai lu et je crois avoir lu presque tous ceux qu'il a écrits. Comme je mentionne ' Riverito , Maximina , Un Idilio de un Inferno, La Hermana de San Sulpizio , El Cuarto Poder , Espuma', ces simples noms évoquent des scènes et des événements qui m'ont ému aux larmes et au rire, et m'ont rempli d'un sens vif de la vie qui y est représentée. Je pense que "Marta y Maria" est l'une des fictions les plus véridiques et les plus profondes que j'ai lues, et " Maximina " l'une des plus pathétiques, et "La Hermana de San Sulpizio " l'une des plus amusantes. Heureusement, ces livres de Valdès ont presque tous été traduits, et le lecteur peut s'en convaincre en anglais ; bien qu'il s'arrête nécessairement un peu derrière les Espagnols.

Je ne sais pas si les Espagnols eux-mêmes classent Valdès avec Galdos ou non, et je n'ai pas envie de décider de leurs mérites relatifs. Ce sont toutes deux mes passions actuelles, et je peux dire de la « Dona Perfecta » de Galdos qu'aucun livre, si ce n'est ceux des plus grands Russes, ne m'a donné une impression plus vive et plus profonde ; il est infiniment pathétique et plein d'humour qui, s'il est plus caustique que celui de Valdès, n'en est pas moins délicieux. Mais j'aime tous les livres de Galdos que j'ai lus, et bien qu'il semble avoir travaillé plus tard que Valdès sur son romantisme, depuis qu'il a finalement travaillé sur un réalisme tel que celui de Léon Roch , sa grandeur ne laisse rien à désirer. .

J'ai lu un des livres d'Emilia Pardo- Bazan , intitulé Morrina , qui doit la ranger parmi les grands réalistes de son pays et de son époque ; elle aussi a cet humour de sa race, qui nous rapproche plus des Espagnols que de tout autre peuple non anglo-saxon.

Un Italien contemporain, que j'aime à peine moins que ces nobles Espagnols, est Giovanni Verga , qui a écrit « I Malavoglia », ou, comme nous l'appelons en anglais, « La maison près du néflier » : une histoire d'une beauté et d'une tendresse infinies. et la vérité. Comme je l'ai déjà dit, je pense qu'avec Zola,

Giacometti, l'auteur italien de "La Morte" Civile », a écrit presque la plus grande pièce de théâtre, en tous points, des temps modernes.

Mais que dirai-je de Zola lui-même et de mon admiration pour sa grandeur épique ? À propos de son matériel, il n'y a aucune contestation parmi les gens de notre tradition puritaine . C'est tout simplement odieux, mais une fois qu'on lui a accordé son matériel pour son propre usage, il est vain et insensé de nier son pouvoir. Toutes mes théories littéraires lui étaient contraires lorsque j'ai repris L'Assommoir , même si, inconsciemment, j'avais toujours été aussi réaliste que possible, mais le livre m'a possédé de la même fascination que j'ai ressentie l'autre jour dans en lisant son « L'Argent ». Les critiques savent maintenant que Zola n'est plus le réaliste qu'il imaginait lui-même et qu'il est plein des meilleures qualités du romantisme qu'il a tant détesté ; mais pour ce qu'il est, il n'y a qu'un seul romancier de notre temps, ou de tous les autres, qui le surpasse , c'est Tolstoï. Pour ma part, je pense que les livres de Zola ne sont pas immoraux, mais ils sont indécents par les faits qu'ils représentent à nu ; ils sont infiniment plus moraux que les livres de n'importe quel autre romancier français. Cela ne veut peut-être pas dire grand-chose, mais c'est dire la vérité, et cela ne me dérange pas d'avouer qu'il a été une de mes grandes passions littéraires, presque aussi grande que Flaubert et plus grande que Daudet ou Maupassant, même si j'ai profondément apprécié le talent artistique exquis de ces deux-là. Aucun écrivain français, cependant, ne m'a autant ému que les Espagnols, car les Français manquent de l'humour qui les aime et qui est la quintessence de leur charme.

On ne peut pas être parfaitement à l'aise avec un ami qui ne plaisante pas, et je suppose que c'est ce qui m'a privé d'une dernière satisfaction en compagnie d'Anthony Trollope, qui plaisante beaucoup ou pas du tout, et que j'oserais autrement déclarer le plus grand des romanciers anglais ; dans l'état actuel des choses, je dois lui présenter Jane Austen, dont les livres, sur la fin de ma vie, ont été pour moi un ravissement de jeunesse. Même sans beaucoup d'humour, les livres de Trollope m'ont été un immense plaisir par leur simple véracité. Peut-être que s'ils étaient plus humoristiques, ils ne seraient pas aussi fidèles à la vie et au caractère britanniques présents en eux dans toute sa banalité expansive. C'est leur fidélité sérieuse qui leur donne une valeur unique en littérature, et qui, si elle était soigneusement analysée, fournirait un principe de même qualité chez un auteur qui fut sans doute l'un des meilleurs artistes aussi bien que le plus philistin des hommes.

Je suis arrivé assez tard, mais avec toute l'ardeur de ce qui semble être ma jeunesse littéraire éternelle, à l'amour de Thomas Hardy, que j'ai connu pour la première fois dans son histoire « Une paire d'yeux bleus ». Comme d'habitude, après avoir lu ce livre et ressenti son nouveau charme, j'ai souhaité lire les livres d'aucun autre auteur et lire ses livres encore et encore. J'aime même les défauts de Hardy ; Je le laisserai me jouer n'importe quel tour qu'il voudra (et il n'hésite pas à jouer des tours quand il semble fatigué ou perplexe de son histoire), pourvu qu'il continue à faire parler ses paysans et ses dames un peu incertaines. entrer et sortir de l'amour, et se servir de toutes les chances que la fortune leur offre d'avoir leur propre chemin. Nous reculons devant l' immoralité des races latines, mais Hardy a deviné au sein de notre propre race un paganisme persistant, qui, s'il n'est pas grec, n'a certainement pas été plus baptisé que le néo- hellénisme des Parisiens. Ses héroïnes l'illustrent particulièrement, et je dois pouvoir affirmer sans risque de se tromper que ses Ethelbertas , ses Eustacias , ses Elfridas , ses Bethsabée , ses Fantaisie, sont entièrement païens. Je n'oserais pas demander dans quelle mesure leur charme venait de là ; et l'auteur ne manque pas de vous montrer combien de mal, pour que ce ne soit pas sur ma conscience. Son peuple vit au plus près du cœur de la nature, et personne, sauf Tourguenief , ne vous donne un sentiment plus riche et plus doux de son unité avec la nature humaine. Hardy est un grand poète ainsi qu'un grand humoriste, et s'il n'était pas un grand artiste aussi, son humour suffirait à me le faire aimer.

XXXV. TOLSTOY

J'en viens maintenant, quoique pas tout à fait dans l'ordre du temps, au plus noble de tous ces enthousiasmes : à savoir ma dévotion pour les écrits de Lyof Tolstoï. Je voudrais parler de lui avec sa vérité incomparable, et pourtant je ne sais pas comment donner une idée de son influence sans effet d'exagération. Autant un simple être humain peut en aider un autre, autant je crois qu'il m'a aidé ; il ne m'a pas seulement influencé sur le plan esthétique, mais aussi sur le plan éthique, de sorte que je ne pourrai plus jamais voir la vie comme je la voyais avant de le connaître. Tolstoï éveille chez son lecteur la volonté d'être un homme ; ni de manière efficace, ni spectaculaire, mais simplement, réellement. Il vous ramène au seul véritable idéal, loin de ce faux standard du gentleman, à l'Homme qui ne cherchait pas à se distinguer des autres hommes, mais à s'identifier à eux, à cette Présence dans laquelle le meilleur gentleman montre son alliage de vanité. , et le plus grand génie recule à la mesure de son misérable égoïsme. J'ai appris de Tolstoï à tester le caractère et les motivations par aucun autre test, et bien que je sois moi-même perpétuellement faux à cet idéal sublime, cet idéal reste néanmoins avec moi, pour me faire honte de ne pas lui être fidèle. Tolstoï m'a donné à cœur d'espérer que le monde pourra encore être transformé à l'image de Celui qui est mort pour lui, lorsque toutes les choses de César seront finalement rendues à César et que les hommes auront accès au droit au travail et à la liberté. droit de jouir des fruits de leur travail, chacun maître de lui-même et serviteur des autres. Il m'a appris à voir la vie non pas comme une quête d'un bonheur personnel éternellement impossible, mais comme un champ d'efforts vers le bonheur de toute la famille humaine ; et je ne peux jamais perdre cette vision, mais je ferme les yeux et m'efforce de considérer mon propre intérêt comme le plus grand bien. Il m'a donné de nouveaux critères, de nouveaux principes, qui, après tout, étaient ceux qui nous ont été enseignés dès notre plus tendre enfance, avant d'arriver à la mauvaise sagesse du monde. En lisant ses différents livres éthiques, « Que faire », « Ma confession » et « Ma religion », j'ai reconnu leur vérité avec un ravissement tel que je n'en ai connu dans aucune autre lecture, et je leur ai rendu mon allégeance, mon cœur. et l'âme, avec la maladie de l'un et le désespoir de l'autre. Ils l'ont encore, et je crois qu'ils l'auront de mon vivant. C'est avec un étonnement inexprimable que je les supporte atteint du pessimisme, comme si l'enseignement d'un homme dont l'idéal était le simple bien devait signifier la prédominance du mal. La voie qu'il m'a montrée semblait en effet impossible à ma volonté, mais à ma conscience, c'était et c'est toujours la seule voie possible. S'il est un point sur lequel il n'a pas convaincu ma raison, c'est bien celui de notre capacité à parcourir seuls ce chemin étroit. Même là, il est logique, mais comme Zola le distingue subtilement en parlant de l'essai de Tolstoï sur « L'argent », il n'est pas raisonnable. La solitude affaiblit et paralyse, et c'est en camarades et en frères que les hommes doivent sauver le monde de lui-même, plutôt qu'eux-mêmes du monde. C'est ainsi que les premiers chrétiens, qui avaient tout en commun, comprenaient la vie du Christ, et je crois que les derniers le comprendront ainsi.

J'ai parlé d'abord des œuvres éthiques de Tolstoï, parce qu'elles sont pour moi de la première importance, mais je pense que ses œuvres esthétiques sont tout aussi parfaites. À mon avis, elles transcendent en vérité, qui est la plus haute beauté, toutes les autres œuvres de fiction qui ont été écrites, et je crois qu'elles le font parce qu'elles obéissent à la loi de la propre vie de l'auteur. Sa conscience est une éthique et une esthétique ; avec sa volonté d'être fidèle à lui-même, il ne peut pas mentir à sa connaissance des autres. Je croyais que le dernier mot de l'art littéraire m'avait été dit par les romans de Tourguenief , mais il me parut simplement le premier, lorsque je commençai à me familiariser avec la méthode plus simple de Tolstoï. J'y suis arrivé par hasard et sans aucune préoccupation en lisant Les Cosaques, un de ses premiers livres, qui était resté sur mes étagères sans avoir été lu depuis cinq ou six ans. Je ne connaissais même pas le nom de Tolstoï lorsque je l'ai ouvert, et c'est avec une sorte d'étonnement que je l'ai lu et que j'ai ressenti mot à mot et ligne par ligne la vérité d'un art nouveau.

Je ne sais pas comment les grands Russes ont le secret de la simplicité. Certains disent que c'est parce qu'ils n'ont pas un long passé littéraire et ne sont pas conventionnels par l'usage de nombreuses générations d'autres écrivains, mais cela n'explique guère la franchise fraternelle dans leur rapport à la nature humaine ; l'absence d'expérience ailleurs caractérise l'artiste par sa grossièreté, et la simplicité est le dernier effet du savoir. Tolstoï est bien entendu le premier d'entre eux dans cette grâce suprême. Il n'a pas seulement la transparence du style de Tourguenief , dégagée de tout brouillard de personnalité que l'on valorise à tort dans le style, et qui ne devrait pas plus être là que la personnalité de l'artiste ne devrait l'être dans un portrait ; mais il a une méthode qui non seulement semble sans artifice, mais qui l'est. Je peux comprendre la manière de la plupart des écrivains et dire de quoi il s'agit, mais je serais déconcerté de dire quelle est la manière de Tolstoï ; peut-être qu'il n'a aucune manière. Cela me semble vrai de ses romans, qui, avec leur grande variété de personnages et d'incidents, se ressemblent dans leur seul effort pour faire vivre les personnes devant vous, à la fois dans leur action et dans l'interprétation particulièrement dramatique de leur émotion et de leur réflexion. Il y a beaucoup de romanciers pour vous dire que leurs personnages ressentaient et pensaient telle ou telle chose, mais il faut y croire ; Tolstoï seul vous fait savoir comment et pourquoi il en était ainsi chez eux et pas autrement. S'il y a quelque chose en lui qui peut être copié ou burlesqué, c'est cette capacité qu'il a à montrer les hommes aussi bien intérieurement qu'extérieurement ; c'est le seul trait de lui sur lequel je puisse mettre la main.

Après « Les Cosaques », j'ai lu « Anna Karénine » avec un sentiment croissant de la grandeur inégalée de l'auteur. Je pensais voir à travers ses yeux une affaire humaine des plus douloureuses qu'elle puisse apparaître à la Compassion Infinie ; le livre est une sorte de révélation de la nature humaine dans des circonstances qui ont été si perpétuellement menties qu'on a presque perdu la faculté de percevoir la vérité sur un amour illicite. Quand vous avez lu une fois « Anna Karénine », vous savez à quel point un tel amour doit être fatalement misérable et essentiellement malheureux. Mais le personnage de Karénine lui-même est tout aussi important que l'intrigue d'Anna et de Vronsky . Il est merveilleux de voir comment un tel homme, froid, philistin et même méchant à certains égards, s'élève dans une sublimité inconnue (pour moi du moins) dans la fiction lorsqu'il pardonne, et sait pourtant qu'il ne peut pas pardonner avec dignité. Il y a dans cet effet quelque chose de crucial et de triomphant, qui n'est pas au-delà du pouvoir, mais jusqu'ici au-delà de l'imagination des hommes, qui n'est ni sollicité, ni forcé, pas du tout romantique, mais qui vient naturellement, presque inévitablement, de la nature de l'action. homme.

Les vastes perspectives, les perspectives de grande envergure de « Guerre et Paix » en ont fait pour moi une surprise aussi grande dans le roman historique que « Anna Karénine » l'avait été dans l'étude de la vie contemporaine ; et ses habitants et ses intérêts ne semblaient pas plus éloignés, puisqu'ils sont d'une civilisation toujours aussi étrange et d'une humanité toujours aussi connue.

J'ai lu quelques nouvelles plus courtes de Tolstoï avant d'en arriver à son plus grand ouvrage : j'ai lu « Scènes du siège de Sébastopol », qui est en grande partie de la même qualité que « Guerre et Paix » ; et j'ai lu « Policoushka » et la plupart de ses nouvelles avec un sentiment d'unité avec leur peuple que je n'avais jamais ressenti avec les gens d'autres fictions.

Ses récits didactiques, comme tous les récits de ce genre, se réduisent à des allégories ; peut-être font-ils mieux leur travail, avec les intelligences simples auxquelles ils s'adressent ; mais je pense que là où Tolstoï s'impatiente de sa charge d'artiste et préfère être directement professeur, il se prive de plus de la moitié de ses forces avec ceux qu'il ne peut émouvoir que par la réalisation d'eux-mêmes dans les autres. Le simple pathos et l'apparente indirectité d'un conte comme celui de « Poticoushka », le conscrit paysan, ont bien plus de valeur pour le monde en général que toutes ses paraboles ; et « La mort d'Ivan Ilitch », le philistin mondain , détournera le cœur de bien plus de gens de l'amour du monde que de pâles fables de la vie chrétienne primitive comme « Travaillez pendant que vous avez la Lumière ». Les dons d'un homme ne lui sont pas donnés pour rien, et celui qui possède le grand don de fiction dramatique n'a pas le droit de le jeter ou de le laisser rouiller en désuétude.

Aussi terrible que soit la « Sonate de Kreutzer », elle eut un effet moral spectaculaire qu'elle perdit complètement lorsque l'auteur descendit vers l'exégèse et appliqua au mariage la leçon d'un mauvais mariage. In fine, Tolstoï ne peut certainement pas être tenu pour infaillible. Il est très, nettement faillible, mais je pense que sa vie n'est pas moins instructive car dans certaines choses elle semble être un échec. Il n'y a eu qu'une seule vie vécue sur terre qui ait été sans échec, et c'était celle du Christ, dont Tolstoï est le disciple égaré et trébuchant. Il n'y a pas d'autre exemple, pas d'autre idéal, et l'utilité principale de Tolstoï est d' imposer ce fait à notre époque, après dix-neuf siècles d'efforts désespérés pour substituer la cérémonie au caractère et la croyance à la vie. Je reconnais la vérité de cela sans prétendre avoir changé autre chose que mon point de vue à ce sujet. Ce dont je suis sûr, c'est que je ne pourrai jamais regarder la vie de la manière mesquine et sordide qu'avant de lire Tolstoï.

Artistiquement, il m'a montré une grandeur qu'il ne pourra jamais m'apprendre. J'ai dépassé depuis longtemps l'âge où je pourrais souhaiter me former sur un autre écrivain, et je ne crois pas que je pourrais maintenant insensiblement prendre l'image d'un autre ; mais son œuvre a été pour moi une révélation et un délice que je suis sûr de ne plus jamais connaître. Je ne crois pas que, tout au long de mes lectures, et même au début de mes enthousiasmes littéraires, j'aie connu une satisfaction aussi complète chez aucun écrivain, et cette joie suprême m'est venue à une époque de la vie où de nouveaux les amitiés, pour ne pas dire les nouvelles passions, sont rares et réticentes. C'est comme si le meilleur vin de ce grand festin où j'ai si longtemps siégé avait été conservé pour la fin, et je n'ai pas besoin de lui nier un miracle pour attester mon habileté à juger les millésimes. En fait, je préfère croire que ma vie a été pleine de miracles, et que le bien m'est toujours venu au bon moment, pour que j'en profite le plus. Je crois que si je n'avais pas franchi le cap de la cinquantième année, lorsque j'ai connu Tolstoï pour la première fois, je n'aurais pas pu le connaître aussi pleinement que je l'ai fait. Il a été pour moi cette conscience finale dont il parle si judicieusement dans son essai sur la « Vie ». J'y suis parvenu à me connaître d'une manière dont je n'avais jamais rêvé auparavant, et j'ai commencé au moins à discerner mes relations avec la race, sans laquelle nous ne sommes chacun rien. L'art suprême en littérature a eu son plus grand effet en me faisant placer l'art pour toujours au-dessous de l'humanité, et c'est avec le désir d'offrir à son cœur et à son esprit le plus grand hommage qu'un homme puisse rendre à un autre, que je termine ce disque sous le nom de de Lyof Tolstoï.